LES CATHARES

RENAUD THOMAZO

LAROUSSE

Renaud Thomazo est historien et éditeur. Il a notamment publié chez Larousse *Mort aux bourgeois, Sur les traces de la bande à Bonnot* (2007, rééd. 2009), *Rois de France* (2009), *Reines et favorites de France* (2009) et *les Grandes affaires criminelles* (2010).

Dans la même collection :

Emmanuel Thiébot
Les Francs-Maçons

Farid Ameur
Le Klu Klux Klan

Jean-Baptiste Rendu
Les templiers

Renaud Thomazo
L'Opus Dei

Pauline Garaude
Al-Qaida

© Larousse 2010

ISBN : 978-2-03-585046-1

Le « prat dels cremats »

Au matin du 16 mars 1244, la trêve accordée par Hugues des Arcis aux assiégés du castrum de Montségur venait de s'achever. Chacun avait pris sa décision et celles et ceux qui s'apprêtaient à subir leur supplice l'avaient accepté librement, préférant le bûcher plutôt qu'abjurer. Sans doute les flammes sont-elles une intolérable souffrance, mais au moins détruiront-elles cette enveloppe charnelle plus insupportable encore qui emprisonne l'âme pour l'empêcher d'être au côté du Père céleste. Deux-cent-vingt-quatre « bons hommes » et « bonnes dames » furent conduits sous bonne escorte depuis la citadelle jusqu'à un pré situé en contrebas. Là, on avait dressé à la hâte un vaste enclos ceint d'une palissade de pieux, à l'intérieur duquel avaient été jetés des fagots en quantité suffisante pour alimenter un immense brasier. Juchés sur des échelles sommaires appuyées contre la palissade, des soldats s'apprêtaient à empoigner brutalement les malheureux voués aux flammes de l'Église.

Deux hommes se tenaient impassibles devant la funèbre procession qu'ils avaient ordonnée : Hugues des Arcis et

Pierre Amiel. Le premier est sénéchal de Carcassonne, c'est lui qui, durant dix mois, commanda les troupes royales qui assiégèrent Montségur. Le second est archevêque de Narbonne, c'est à lui qu'on avait confié la direction spirituelle de cette ultime entreprise menée contre les cathares. L'un et l'autre étaient satisfaits, la Couronne et la croix avaient vaincu l'hérésie.

Qui fut le premier à être précipité dans la Géhenne purificatrice ? Peut-être Bertrand Marty, évêque hérétique du Toulousain, ou bien Raymond Aghuler, son homologue du Razès. Avec eux, il y avait Pierre Sirven et Guillaume Déjean, Pierre Bonnet, Raymond et Bernard de Saint-Martin, Brézilhac de Cailhavel, Guillaume de Lahille et des femmes aussi : Rixende du Teilh, la supérieure des bonnes dames de Montségur, Saïssa du Congost, Braida de Montserver et aussi Marquésia Hunaud de Lanta. L'histoire n'a pas retenu tous les noms de ces « Albigeois » qui persistèrent dans leur foi coupable jusqu'au dernier instant et reçurent de leur évêque le *consolament* avant de mourir. Leur nombre même est incertain. L'historien ne sait qu'une chose avec certitude : dans les flammes du bûcher de Montségur a péri la dernière communauté de « croyants » du Languedoc, avec les ultimes représentants du clergé cathare.

Contre eux, le pape avait appelé à la croisade trente-cinq ans plus tôt, exhortant les barons chrétiens à extirper l'hérésie en portant le fer dans le Midi. Le roi de France, longtemps réticent, s'en était mêlé et avait soumis les derniers vassaux rebelles, les comtes de Toulouse, de Foix et de Béziers qui s'étaient fait les protecteurs des cathares. La croisade avait atteint son but après des années de guerre et de massacres. Puis on avait substitué au glaive de la milice de Dieu un instrument tout aussi efficace, l'Inquisition, si bien que l'hérésie partout avait reculé. Mais à Montségur, on s'était obstiné. Celles et ceux qui avaient échappé à la justice de Dieu comme à celle du roi s'étaient abrités derrière les murs épais d'une citadelle inexpugnable perchée au sommet d'un à-pic vertigineux. Dans ce Languedoc où l'hérésie avait été si brutalement combattue et finalement anéantie, Montségur apparaissait donc comme une verrue ; elle était la « synagogue de Satan » qu'il fallait à tout prix réduire en cendres.

Dans la fumée âcre qui se dispersait dans la vallée du Lasset disparaissaient les derniers apôtres d'un christianisme original. Ne demeura plus durant les siècles suivants que le souvenir d'une « épopée cathare », certes brutale, mais presque chevaleresque, où le cliquetis des armes devait couvrir les cris de souffrance des suppliciés. L'histoire de France évoqua longtemps l'épisode avec pudeur, préférant mettre en avant l'affermissement du royaume et le rattachement du Languedoc à la Couronne. L'Église de Rome ne manqua jamais d'arguments pour justifier une croisade menée sans scrupule ni état d'âme au nom de l'unité de la foi. Son combat contre les « bons hommes », elle le mènera implacablement et elle le poursuivra longtemps après la chute de Montségur, jusqu'à ce que le dernier des « Parfaits » disparaisse lui aussi dans les flammes.

L'enjeu était de taille : dans son ambition à établir sur l'Occident chrétien une véritable théocratie, l'Église voyait surgir au sein même du peuple des croyants un péril bien plus grand que tous ceux qui l'avaient menacée jusqu'alors. La lutte qu'elle entreprit fut menée avec une farouche détermination, et les écrits, les documents qui auraient permis aux historiens de mieux comprendre et exposer ce que fut la réalité de cette dissidence religieuse, furent eux aussi en grande partie détruits. Il faudra attendre le XXᵉ siècle pour qu'un lent travail d'érudition et d'exégèse l'établisse enfin sans passion, n'empêchant pas toutefois qu'une mythologie et des légendes n'obscurcissent plus encore la vérité.

DIEU RECONNAÎTRA LES SIENS

Chapitre I

L'hydre de l'hérésie

Des bûchers, l'Église avait commencé à en allumer un siècle auparavant lorsqu'elle avait vu son autorité menacée par une hérésie dont l'ampleur, depuis le Xᵉ siècle, n'avait cessé de croître alors même que le dogme romain semblait plus ferme que jamais.

L'histoire de l'Église est un long combat contre les hérésies, ces « erreurs » de jugement qui risquaient toujours d'ébranler l'unité des croyants en remettant en cause l'orthodoxie. Interprétation des écritures, nature divine ou non de Jésus, résurrection des corps... les débats ont toujours tourné à l'avantage de Rome et les conciles successifs ont gravé dans le marbre l'intangibilité du dogme. Très tôt, l'empereur Constantin s'était inquiété du péril que représentaient les interprétations divergentes et avait empêché que les dissidences ne brisent l'unité catholique. Ainsi, les valentiniens, les novatiens, les marcionites et autres montanistes durent rentrer dans le rang. En Afrique du Nord, les donatistes firent sécession, furent taxés d'hérésie et subirent une répression implacable. Et c'est un évêque originaire d'Afrique du Nord,

Augustin d'Hippone – futur saint Augustin –, qui justifia cette répression en convoquant l'Évangile de Luc et la parabole du riche invitant au banquet. Tous les convives s'étant décommandés, le riche exigea de son serviteur qu'il aille les chercher pour les « obliger à venir ». La doctrine était fixée, elle allait servir chaque fois que l'Église se verrait confrontée à des volontés trop prononcées de vivre autrement la foi, d'interpréter autrement les textes.

Patarins, piphles et bougres

L'unité des chrétiens aura beau se renforcer toujours plus, jamais pourtant les hérésies ne cesseront de ressurgir épisodiquement. En Occident, la fin du Xe siècle est marquée par une vague sans précédent de contestations et de dissidences spirituelles. Mais cette fois, le débat, la controverse et la conciliation qui furent souvent employés pour « obliger à venir » les âmes égarées et les contraindre à rentrer dans le giron de l'Église catholique romaine cédèrent vite la place à une répression brutale. Car ce n'est pas seulement la doctrine qui se trouvait menacée, mais l'institution ecclésiale elle-même dans son autorité. Si on a parlé d'un « grand réveil des hérésies » aux Xe et XIe siècles, il ne s'agissait pas de l'irruption au cœur de la chrétienté de religions nouvelles, moins encore de la résurgence de quelque culte païen, mais bel et bien de dissidences au sein même du christianisme. Et la controverse théologique s'accompagnait toujours du procès voire de la virulente condamnation de Rome et de son clergé, accusés de s'être éloignés du message du Christ. Les multiples sectes qui foisonnèrent alors furent tour à tour dénommées ariens, tisserands, publicains, manichéens, patarins, piphles, bougres… Il ne s'en dégageait aucune unité apparente, sinon cette aspiration commune à retrouver la foi de l'Église primitive en réaction aux excès de Rome et de ses prélats. L'Église bien sûr ne laissa pas faire : des bûchers s'allumèrent en Champagne, à Orléans, à Soissons, à Trèves, à Liège, à Utrecht…

Un courant qui trouvait sa source dans les Balkans se développait plus que les autres. En Bulgarie, sous l'impulsion du moine Bogomil, s'était répandue une spiritualité dualiste qui n'était pas sans rappeler le manichéisme oriental des premiers siècles. Pour les « bogomiles », le monde visible, véritable vallée de larmes et de douleurs, n'avait pu être créé par Dieu, mais par le Diable. L'œuvre de Dieu, c'était l'âme, et chaque chrétien livrait un combat perpétuel entre le bien et le mal. Cette conception leur avait rendu l'Église particulièrement suspecte et ils en rejetaient la plupart des sacrements – ce qui les désignait bien sûr comme de dangereux hérétiques. Quoique condamnée et pourchassée, cette spiritualité dualiste s'était répandue vers Constantinople, mais également à l'Ouest, en Rhénanie, dans le nord de l'Italie comme de la France, en Champagne et en Bourgogne, en Languedoc et jusqu'en Angleterre.

Cette foi, si peu conforme à l'orthodoxie romaine, manquait d'unité doctrinale et de structure hiérarchique, sauf à Constantinople où les bogomiles formaient une véritable Église, regroupée au milieu du XIIe siècle autour d'un chef, Nicétas, lequel entreprendra plusieurs voyages pastoraux jusque dans le Midi de la France où il viendra présider en Languedoc, à Saint-Félix-du-Laurageais, un colloque. Ces contacts attestés ne signifient pas que, depuis les Balkans ou Constantinople, une nouvelle religion avait essaimé dans le reste de l'Europe. Il s'agissait bien davantage de la coexistence de communautés éparses, sans lien entre elles, qui toutes appréhendaient la foi chrétienne à l'aune de cette spiritualité dualiste qui s'était largement répandue dans les esprits. Bien sûr, les échanges commerciaux, intenses, favorisaient toujours la circulation des idées, et plus encore les croisades qui avaient vu des chevaliers de tout l'Occident se rencontrer. Des textes circulaient également, si bien que toutes les hérésies qui se développaient dans l'Europe médiévale, sans être étroitement liées entre elles, sans former une Église ou des Églises, sans même que l'on soit sûr qu'elles s'inscrivent dans une unique filiation, s'alimentaient toutes à la source d'une spiritualité commune.

Ce qui en premier lieu les rapprochait incontestablement, c'était la condamnation sans appel de l'enrichissement éhonté d'une partie du clergé et la volonté de vivre un christianisme plus « pur », même si la quête d'une spiritualité plus exigeante était aussi le fait de nombreux catholiques depuis la réforme grégorienne. Les rares documents qui nous permettent d'appréhender ces hérésies témoignent également, en chaque lieu où elles se sont développées, d'une détestation du monde terrestre et aussi du corps, tous deux pensés comme des créations du diable. Le monde d'ici bas n'était pas le leur et ce qui en émanait les révulsait. Partant, la pompe ecclésiale comme la liturgie romaine étaient condamnées, les sacrements étaient ignorés, sauf le baptême qui seul trouvait grâce. Non pas le baptême par l'eau mais le baptême par l'Esprit saint, par imposition des mains. Jusqu'au symbole de la croix qui était rejeté, rappelant trop les souffrances terrestres du Christ et donc l'œuvre du Malin…

Rome s'inquiéta vite du zèle de ces étranges chrétiens qui se prétendaient les seuls vrais héritiers des apôtres et croyaient constituer la seule véritable Église du Christ, au point de s'appeler entre eux « bons chrétiens » ou « bons hommes », ou plus simplement encore « chrétiens ». Longtemps, le Saint-Siège usa à leur égard d'une « douce et charitable persuasion », tentant de ramener par le dialogue les brebis égarées dans le troupeau des fidèles après leur avoir démontré la fausseté de leur jugement. Quand il apparut que l'ivraie menaçait le bon grain et que l'hérésie portait des coups trop rudes à l'unité de la foi, la justice ecclésiastique menaça des foudres de l'excommunication tous ceux qui refusaient d'abjurer d'aussi pernicieuses croyances. L'erreur pourtant continua de prospérer. Il fallut donc songer à une arme plus efficace. C'est alors que les premiers bûchers furent allumés pour purifier dans les flammes les âmes perdues.

C'est dans le Nord que la répression fut la plus terrible, empêchant que la doctrine dualiste ne se répande davantage. Un frère bénédictin de Cologne, Eckbert von Schönau, qui pourchassait avec zèle les hérétiques, fut le premier à utiliser, vers 1160, le terme « cathare » pour désigner ceux qui persévéraient dans leur erreur coupable. En grec, le mot « cathare » signifie « pur », et sans doute est-ce parce que ces hérétiques prêchaient un christianisme parfait qui les encourageait à rechercher la pureté que le terme fut utilisé. Plus tard, une autre étymologie sera proposée : l'utilisation du mot « cathare » suggérerait un jeu de mot entre la racine grecque et le *katse* allemand, « le chat », les hérétiques, volontiers taxés de sorcellerie pour mieux les discréditer, ayant la réputation d'adorer le diable sous la forme d'un chat noir. Sans doute les deux étymologies sont-elles l'une et l'autre valables, et la formule du moine de Cologne, passée à la postérité, avait pour but de moquer ces adeptes d'une pureté coupable. Ces derniers d'ailleurs n'utilisèrent jamais le mot « cathare » pour se désigner entre eux. C'est pourtant celui que l'histoire retiendra.

À la recherche d'un idéal

L'Église put un temps croire qu'elle avait jugulé le péril. C'était vrai dans le Nord, mais ailleurs, en revanche, l'hérésie continuait à prospérer, particulièrement dans le nord de l'Italie où elle était bien implantée et organisée, offrant presque le visage d'une contre-église.

Les conditions politiques expliquaient largement qu'ici les « bons hommes » aient été épargnés des foudres de l'autorité pontificale : les riches villes italiennes de Toscane et de Lombardie, en lutte continuelle contre Rome, s'étaient largement affranchies de la tutelle du Saint-Siège qui peinait à y faire respecter sa discipline. Le clergé local avait beau multiplier les anathèmes, ceux qui défiaient ouvertement le dogme bénéficiaient de l'hospitalité bienveillante et de la protection d'une bourgeoisie et d'une noblesse trop heureuses d'affirmer ainsi la prééminence de leurs prérogatives. À Rome même, le Saint-Siège avait de farouches ennemis, à commencer par Arnaud de Brescia, disciple d'Abélard, qui prêchait inlassablement pour que l'Église abandonnât son pouvoir temporel et renonçât à ses biens. Convaincu d'hérésie, le malheureux expia ses erreurs sur le bûcher en 1155…

Ce même désir de retrouver l'idéal de l'Église primitive suscita également l'apparition des Pauvres de Lyon, qui prendront par la suite le nom de Vaudois, du nom de leur fondateur Pierre Valdès. Vers 1170, ce riche marchand lyonnais se dépouilla de tous ses biens pour vivre dans la plus grande pauvreté le message des Évangiles, prêchant autour de lui l'humilité. Mais comme il n'avait pas obtenu des autorités ecclésiastiques l'autorisation nécessaire de prêcher, il ne tarda pas à être excommunié. Cela ne l'empêcha nullement de poursuivre et de constituer bientôt autour de lui un groupe de disciples qui grossissait toujours davantage pour essaimer dans tout le sud et dans le nord de l'Italie. Les Vaudois en vinrent rapidement à une condamnation radicale de Rome, ce qui leur valut d'être pourchassés sans relâche. Partageant avec les cathares de nombreuses zones géographiques dans le Midi, ils furent fréquemment en contact avec eux, même si les deux spiritualités différaient profondément. Dans sa lutte contre l'hérésie, l'Église les associa toujours aux cathares dans la même réprobation.

Ajoutons qu'à côté de ces grandes dissidences religieuses bien inscrites dans leur époque et dans l'histoire, des hérésies mineures connurent suffisamment de succès pour sérieusement inquiéter la justice ecclésiastique – ainsi les lucifériens, les amauriciens, disciples d'Amaury de Bène, ou encore ceux d'Ortlieb de Strasbourg. Quant aux frères et sœurs du libre d'esprit, dont les adeptes se seraient comptés par milliers dans le nord-est et en Allemagne, leur foi en la toute puissance du Saint-Esprit leur faisait sans doute trop mépriser le corps, et ils auraient allègrement manifesté leur mépris de la chair dans des bacchanales aussi effrénées qu'immorales…

Dans le Midi de la France, où le Languedoc deviendra terre d'élection du catharisme, une même situation sociale et politique complexe qu'en Italie du Nord avait favorisé son implantation. L'hérésie était présente à Toulouse, de façon encore modeste, dès le début du XIe siècle. Elle ne cessera par la suite de prospérer, de s'organiser, si bien qu'en 1165 est fait mention de l'existence d'un évêché cathare de l'Albigeois suivi peu après de la création d'autres évêchés. Si l'hérésie a pu se répandre en Languedoc, c'est parce que cette région, quoique profondément chrétienne, avait été marquée pendant des siècles par la coexistence des religions. Véritable « carrefour religieux », l'ancienne Septimanie wisigothique avait vu se rencontrer l'arianisme et le christianisme, puis musulmans et catholiques s'y étaient croisés plus ou moins pacifiquement. Quant à la présence juive, elle y avait toujours été importante. À l'évêque Foulque de Toulouse, un chevalier fit un jour cette remarque : « Nous voyons que vous avez de bonnes raisons à opposer aux Parfaits, mais nous ne pouvons les expulser : nous avons été élevés avec eux, nous comptons parmi eux des parents, et nous les voyons vivre honnêtement. » Mais plus encore qu'une soi-disant tradition languedocienne de tolérance religieuse, c'est le système féodal occidental qui explique que l'hérésie cathare ait pu s'installer durablement dans un Midi qui était l'enjeu d'incessantes rivalités.

La mosaïque languedocienne

À la fin du XIIe siècle, le Languedoc est une mosaïque complexe et mouvante, partagée entre plusieurs influences dont la plus puissante est, au Sud, celle du roi d'Aragon. Pierre II d'Aragon possède la Catalogne et une grande part de la Provence ; il est également maître des Pyrénées et ne dissimule pas son ambition de se constituer un vaste empire. En épousant Marie de Montpellier en 1204, il renforcera plus encore son autorité sur la région. Il a pour puissant et turbulent voisin le comte de Toulouse. Chef de la maison de Saint-Gilles, Raymond VI contrôle un vaste territoire comprenant, outre Toulouse et le Toulousain, l'Agenais, le Quercy, le Rouergue, le Vivarais, le comté de Foix et le duché de Narbonne, mais aussi plus à l'est, le marquisat de Provence. Le comte de Toulouse est vassal tout à la fois du roi de France et du Saint Empire pour certains fiefs ; il l'est également du pape pour le comté de Melgueil. Raymond VI a épousé, en quatrième noce, Jeanne d'Angleterre, fille d'Aliénor d'Aquitaine, un mariage qui le fait donc parent de la Couronne d'Angleterre alors que les Plantagenêt règnent sur l'Aquitaine et se posent en dangereux rival du capétien. De plus, la subordination de la maison des Saint-Gilles au roi de France ne doit pas faire illusion. Il y a longtemps déjà que l'hommage et l'allégeance sont de pure forme et, loin du domaine royal, le comté de Toulouse est une vassalité presque indépendante. De plus, le caractère de Raymond VI, nous le verrons, ne l'incline guère à la soumission et à l'obéissance. Seul maître en son domaine, le comte de Toulouse est un grand prince du Midi.

Les possessions du comte de Toulouse sont scindées en deux en leur centre par les domaines de la maison des Trencavel. Raymond-Roger Trencavel est vicomte de Béziers, de Nîmes et d'Agde, comte de Carcassonne et seigneur du Razès. S'il est neveu de Raymond VI, il rend hommage pour ses fiefs du Carcassès, du Razès et du Laurageais à Pierre II d'Aragon, son suzerain, lequel veille jalousement à conserver dans son orbite ce puissant vassal qui est son principal atout de ce côté des Pyrénées. Autre grand seigneur de cette région dont la carte géopolitique est presque impossible à dessiner, Raymond-Roger, comte de Foix, dont les terres sont elles aussi soumises à plusieurs suzerainetés, Toulouse et Aragon. Cet inextricable enchevêtrement de vassalités avait engendré des conflits sanglants, des querelles perpétuelles, ce que les historiens ont appelé parfois « la grande guerre méridionale », laquelle avait suffisamment affaibli la région pour que la chasse aux hérétiques y fût un temps considérée comme accessoire. Au début du XIIIe siècle, toutefois, les deux grandes maisons d'Aragon et de Toulouse se sont enfin rapprochées, laissant espérer une paix durable confortée par d'habiles alliances matrimoniales. Las, les progrès de l'hérésie en Languedoc allaient bientôt susciter une croisade qui portera le fer et le feu en Occitanie.

La croisade spirituelle

Rome était parfaitement informée de la situation, et des différents évêchés montaient les plaintes des évêques qui, tous, avouaient leur impuissance à enrayer le mal. L'hérésie se répandait d'autant mieux que, dans les villes et les bourgs, elle jouissait de l'impunité. Nombre de seigneurs la protégeaient parce qu'elle ne leur portait pas préjudice, certains manifestaient même pour elle de la sympathie et, pire que tout, une partie non négligeable de la noblesse languedocienne avait embrassé cette foi.

Le Saint-Siège confia à l'ordre de Cîteaux, fer de lance de la réforme grégorienne, le soin de ramener dans le droit chemin les ouailles égarées. Bernard, abbé de Clairvaux, qui avait déjà fait la preuve de son zèle à promouvoir l'unité de la foi, fut l'un des premiers à se rendre dans le Midi, en 1145. Sa prédication fut un échec, et c'est peu dire que le futur saint Bernard prêcha dans le désert. À Verfeil, il rassembla les paroissiens pour les sermonner, mais ceux-ci refusèrent de l'écouter et firent un tel tapage que le malheureux Bernard passa son chemin, non sans maudire le village par une formule demeurée célèbre : « Vertefeuille, que Dieu te dessèche ! ». Il ne fut pas mieux reçu à Albi où il fut l'objet de moqueries, ce qui n'empêchera pas la « légende dorée » de souligner les succès de saint Bernard et de ses sermons enflammés par l'Esprit saint… Bernard dut pourtant se résoudre à regagner Clairvaux en abandonnant le Languedoc à « l'hydre monstrueuse » de l'hérésie.

La situation en demeura là pendant plusieurs décennies, et Rome eut beau multiplier les injonctions, elles demeurèrent toutes lettres mortes. En 1163, un concile se tint à Tours, qui rappela solennellement le devoir des autorités de sévir à l'encontre de ceux qu'on appelait désormais les « Albigeois ». Mais ni les menaces d'emprisonnement ni la confiscation des biens ne furent suffisantes à freiner les progrès de la dissidence. En 1165, un nouveau concile eut lieu près d'Albi, en présence de nombreux évêques. Des cathares y participèrent, ainsi que le vicomte d'Albi, Raymond Trencavel. Les débats furent aussi savants que houleux et les deux camps restèrent sur leurs positions. Pour faire bonne figure, les prélats condamnèrent solennellement les thèses de l'adversaire, puis ce fut tout. On est loin de la répression féroce qui, dans le même temps, persécutait et brûlait les hérétiques plus au nord.

La foi cathare prospérait donc à l'abri de toute menace, à tel point que deux ans plus tard, un colloque se serait tenu à Saint-Félix-de-Laurageais en présence de l'évêque cathare de Constantinople, Nicétas. Ce colloque – dont l'existence réelle ou supposée divise encore les historiens faute de sources fiables – aurait réuni les principaux chefs de la dissidence religieuse dont Sicard Cellerier, évêque de l'Église cathare d'Albi, ainsi que les représentants des communautés de Lombardie ou encore de Toulouse et de Carcassonne. C'est à l'occasion de ce colloque qu'aurait été décidée la création des évêchés cathares du Toulousain, du Carcassès, de l'Agenais et de l'Albigeois dont les limites n'avaient pas encore été fixées. Ce colloque, s'il a bien eu lieu, dit suffisamment que l'hérésie en Languedoc se répandait et s'organisait au vu et au su de tous. Trop sans doute.

Inquiet des troubles suscités par l'expansion de l'hérésie sur ses terres, le comte de Toulouse, Raymond V, adressa au chapitre général de Cîteaux en 1177 une lettre qui était un véritable appel au secours : « Cette pestilentielle contagion de l'hérésie [écrit-il] a jeté la discorde chez ceux qui étaient unis. [...] Même ceux qui sont revêtus du sacerdoce sont corrompus par son infection. Les antiques églises, que jadis l'on respectait, sont abandonnées et tombent en ruines. On refuse le baptême, l'eucharistie est en exécration, la pénitence est méprisée, on nie obstinément la création de l'homme et la résurrection de la chair ; tous les sacrements de l'Église sont anéantis, et même – ô sacrilège ! – on prétend qu'il y a deux principes. » Après avoir confessé son impuissance à combattre le mal, le comte de Toulouse en appela au roi de France pour qu'il vienne l'aider à extirper l'hérésie de ses terres. Louis VII entendit les alarmes de son vassal et s'en ouvrit au pape Alexandre III, qui forma une délégation pontificale.

Conduite par le légat Pierre de Pavie et l'abbé de Clairvaux Henri de Marsiac, la délégation comprenait nombre d'évêques parmi lesquels ceux de Bourges, de Narbonne et de Poitiers. Tous arrivèrent en 1178 à Toulouse où ils furent fraîchement accueillis par une population qui acceptait mal cette intrusion dans les affaires spirituelles de la ville. Il fallait pourtant se résigner à collaborer avec les émissaires du pape. Un notable toulousain, Pierre Maurand, fut cité à comparaître, reconnut ses erreurs et abjura. Cela lui évita certes le bûcher, mais il dut partir pour la Terre sainte. Après lui, d'autres cathares de la cité furent jugés et tous abjurèrent également. À Castres, ce sont deux dignitaires cathares, Bernard Raymond et Raymond de Baimiac, qui furent jugés avant de se réfugier à Lavaur, sur les terres de Roger II Trencavel, dont la sympathie trop affirmée pour les hérétiques lui valut d'être excommunié. Pour la première fois, l'Église obtenait donc quelques succès dans sa lutte contre l'hérésie et elle s'empressa de renforcer son arsenal juridique lors du troisième concile de Latran en 1179, accordant une rémission de deux ans de pénitence à tous ceux qui lutteraient contre les ennemis de l'Église. Cette disposition allait être mise en œuvre par le légat Henri de Marsiac deux ans plus tard, alors qu'il était de retour en

Languedoc pour y régler le cas de Trencavel. Ayant réuni une poignée de chevaliers qui avaient reçu l'assurance qu'ils combattaient pour Dieu et l'Église, il mit le siège devant Lavaur qui ouvrit bientôt ses portes. Les deux dignitaires cathares furent de nouveau jugés, implorèrent le pardon de l'Église qui le leur accorda et les fit l'un et l'autre chanoine.

Assurément, la méthode employée semblait la bonne. La lutte contre l'hérésie n'avait jamais été aussi efficace que lorsque la justice ecclésiastique avait été associée au pouvoir temporel. Aussi le nouveau pape Lucius III signa-t-il à Vérone en 1184 une décrétale qui précisait plus encore les moyens à mettre en œuvre pour venir à bout de l'hérésie. Les évêques étaient enjoints de rechercher eux-mêmes les hérétiques plutôt que d'attendre qu'ils soient dénoncés. Quant aux autorités laïques, elles étaient expressément priées de collaborer sous peine d'excommunication. L'étau se resserrait, mais son emprise était encore trop faible pour étouffer l'hérésie. D'abord parce que le clergé local faisait preuve d'une singulière apathie et luttait avec bonhomie contre la dissidence religieuse qui minait le Languedoc. Celle-ci s'était répandue dans certaines grandes familles, particulièrement dans celle du comte de Foix, Raymond-Roger, dont la sœur, Esclarmonde, se proclamera bien-tôt ouvertement « bonne chrétienne ». L'attitude de Roger II Trencavel montrait assez que l'intervention de la justice papale sur les terres occitanes était mal perçue et suscitait parfois un regain de sympathie pour ces hérétiques. Son fils, Raymond-Roger, qui lui avait succédé, ne manifestait pas les mêmes sympathies, mais son entourage était largement acquis à la foi des « bons hommes » : Pierre-Roger et Jourdain de Cabaret, Guillaume de Roquefort, Hugues de Roumengoux, Raymond de Termes, Guillaume de Minerve et beau-coup d'autres, tous étaient des croyants cathares.

Le Languedoc, une nouvelle Babylone ?

Il est cependant difficile de connaître avec exactitude dans quelles proportions le catharisme avait essaimé dans le Midi. En effet, les sources les plus nombreuses provenant toutes du clergé catholique, celui-ci avait tout intérêt, dans les rapports qu'il adressait à Rome, à noircir le tableau. Faut-il croire saint Dominique quand il évoque « une hostilité manifeste contre les prêtres, une attaque permanente de la foi, une lente putréfac-tion de l'intérieur… » ? Et Toulouse était-elle à ce point

« empoisonnée par un venin d'infidélité superstitieuse et souillée de la boue gluante de la dépravation hérétique » ? Le Languedoc était loin d'être devenu cette Babylone immonde ! D'abord parce que la région était profondément christianisée, ensuite et surtout parce que le catharisme, nous le verrons par la suite, est une foi intellectuellement exigeante et rigoureuse, qui ne fut jamais « populaire » au sens propre et moins encore populeuse. Si elle a séduit une part de la population, c'est dans des proportions qui sont toujours restées modestes. Au cœur du Lauragais, qui fut la région la plus touchée, peut-être 30 % de la population a-t-elle été concernée, sans qu'un tel chiffre soit définitivement fiable. Ailleurs, l'hérésie cathare n'a sans doute touché guère plus de 10 ou 15 % des populations, et très certainement jamais plus de 5 % dans les villes. Et encore convient-il de distinguer le « clergé » cathare, les « Parfaits » et les « Parfaites » qui seuls s'astreignaient à suivre pleinement les préceptes de leur doctrine, de la masse beaucoup plus nombreuse et confuse des « croyants ». Beaucoup d'entre eux, sinon presque tous, s'ils ont adhéré sincèrement, ont rarement quitté le giron romain et cessé de s'afficher catholiques – ce qui était après tout une mesure de la plus élémentaire et de la plus sage prudence.

Pas plus qu'une évaluation chiffrée, une estimation de la répartition sociologique de l'hérésie n'est facile à établir. À en croire les documents d'enquête et d'interrogatoire de l'Inquisition, il est certain que toutes les classes sociales ont été concernées. Dans une société majoritairement rurale, il est évident que la paysannerie n'a pas été épargnée, mais c'est davantage dans les milieux artisans et de la petite bourgeoisie que le catharisme a semble-t-il le plus facilement recruté. La noblesse, on l'a dit, s'est majoritairement laissé séduire, notamment la petite noblesse. Une chose est certaine cependant : hommes et femmes furent également concernés et l'on sait qu'il y avait des femmes « parfaites ». Si le « haut clergé » cathare fut exclusivement masculin, les femmes y eurent une place bien différente de celle que l'Église romaine ne leur a jamais accordée.

Que l'hérésie se soit répandue chez nombre de petits seigneurs locaux expliquait en partie le succès de celle-ci qui prospérait d'autant mieux qu'elle était confortée dans l'assurance de jouir de protections et de bienveillance. Si l'Église ne parvenait pas à empêcher qu'une partie de la noblesse locale rejoigne les rangs des « bons hommes » cathares, au moins travaillait-elle toujours à se concilier la « bonne foi » des grands princes sans le concours desquels elle ne pouvait espérer mener une lutte efficace. Celle de Pierre II d'Aragon, vassal du pape, lui était acquise – même si ce dernier n'était pas encore Pierre le Catholique, comme on le nommera après sa grande victoire sur les musulmans à Las Navas de Tolosa en 1212. La ferveur catholique du roi d'Aragon et son souci d'éradiquer l'hérésie s'exprima pleinement en 1198 quand, dans une lettre solennelle adressée depuis Gérone, il condamna à mort les hérétiques de son royaume.

Mais un autre prince, le comte de Toulouse, se montrait lui beaucoup plus réticent à s'engager aux côtés de l'Église. Raymond VI, qui avait succédé à son père en 1195, ne s'affichait pas aussi bon chrétien que ce dernier. Il n'était nullement un « bon homme » loin s'en faut, car ce prince fastueux aimait trop jouir des bienfaits d'ici bas – il trouvait le monde terrestre tout à fait à sa convenance ! – pour se discipliner dans l'ascèse et la mortification. Raymond VI n'était pas un prince belliciste, il préféra toujours à la guerre les arcanes sinueuses et retorses de la diplomatie. Il n'était pas non plus disposé à persécuter des croyants, fussent-ils hérétiques, qui ne troublaient en rien l'ordre dans ces domaines. Le véritable désordre se fit dès lors que l'Église accentua sa répression ; Raymond VI tenait le clergé pour seul responsable des troubles, d'autant mieux qu'il n'accepta jamais que les prélats catholiques fussent soumis à une autre autorité que la sienne. Aussi ne manifestera-t-il jamais aucune bonne intention à l'égard des missions papales venues sur ses fiefs traquer la dissidence religieuse. Et il faut en convenir, son attitude à l'encontre de l'Église locale fut toujours empreinte de brutalités et de vexations diverses. Personne ne fut donc surpris quand Célestin III excommunia le comte de Toulouse en 1196. Une décision grave sur le plan spirituel, mais qui n'eut aucune portée politique et ne persuada nullement le comte d'apporter son concours à la lutte contre l'hérésie. Le sort du catharisme en Languedoc allait être pourtant brutalement scellé par l'élection d'un nouveau pape en 1198, lequel allait faire en quelques années beaucoup plus qu'aucun de ses prédécesseurs.

CHAPITRE II

Le combat d'un pape

Quand le cardinal Lotario Conti monta sur le trône de saint Pierre en janvier 1198, il avait trente-sept ans et il était le plus jeune pape jamais élu. Il le devait à ses indéniables facultés intellectuelles et à son tempérament autoritaire qui n'avait d'égal que la très haute idée qu'il se faisait de sa fonction. Tout à la fois juriste et théologien, il nourrissait pour le Saint-Siège une ambition sans précédent : vicaire de Dieu et chef de l'Église universelle, le nouveau pape entendait affirmer la prééminence de l'autorité pontificale sur tous les autres pouvoirs. S'il ne remettait pas en cause le pouvoir temporel et politique des souverains de l'Occident féodal, il n'eut de cesse de rappeler que tous tenaient leurs prérogatives de Dieu et que le pouvoir spirituel romain leur était par conséquent supérieur. Le grand dessein d'Innocent III était l'instauration d'une véritable théocratie universelle ; sa réalisation impliquait nécessairement de lutter sans faiblesse contre les ennemis de la foi.

À l'extérieur d'abord, alors que les « infidèles » menaçaient plus que jamais les chrétiens d'Orient depuis qu'en

1187, Saladin avait repris Jérusalem à Guy de Lusignan. Innocent III approuva les appels de Foulques de Neuilly à la croisade et encouragea une sainte entreprise. Il ne savait pas encore que cette quatrième croisade manquerait son but et que le doge de Venise, Enrico Dandolo, la détournerait à son profit pour s'en aller en 1204 mettre à sac Constantinople. Si le sort de Jérusalem et de la Terre sainte le préoccupait au plus haut point, Innocent III s'était fait également un devoir impérieux de lutter contre le mal insidieux de l'hérésie qui semblait n'avoir jamais autant fragilisé la chrétienté. La dissidence religieuse était un péril qu'il fallait non seulement contenir mais également combattre sans relâche et pour ce faire, le nouveau pape était déterminé à en finir avec les atermoiements de ses prédécesseurs.

« Purger » le clergé local

Innocent III était conscient qu'il devait réformer en profondeur le clergé des diocèses concernés, lequel avait trop souvent fait la preuve de son impuissance voire de sa mauvaise volonté à enrayer le fléau. Comme ses prédécesseurs, il mit un grand espoir dans la persuasion et le dialogue, c'est pourquoi il relança la prédication dans les terres infestées par le « chancre » de l'hérésie.

Enfin, il consolida l'appareil juridique qui lui permettra, le moment venu, de lever le bras armé de l'Église sur tous ceux qui s'obstinaient dans l'erreur. L'idée d'une croisade était déjà en germe dans l'esprit d'Innocent III, mais une telle entreprise exigeait que les conditions politiques fussent réunies. C'était le sens de la décrétale signée à Viterbe dès 1199 : « l'aberration dans la foi » y était une fois encore fermement condamnée, mais elle était désormais dénoncée comme un crime de lèse-majesté divine, à savoir d'une gravité telle que, pour la combattre, l'Église était fondée à recourir au bras séculier, et nul prince ne pouvait se soustraire à l'injonction pontificale au risque de s'exposer lui-même. La décrétale entérina juridiquement le principe de dépossession des biens des hérétiques et de tous ceux qui les protégeaient. On voit que la croisade qui sera lancée en 1209 ne le sera pas après un « accident » qui mettra le feu aux poudres, elle aura été auparavant patiemment mûrie par Innocent III.

Les premiers émissaires d'Innocent III en Languedoc furent les cisterciens Guy et Rainier, dont la mission principale était de préparer la réforme du clergé local. Puisque l'hérésie avait prospéré en partie sur la condamnation des turpitudes de certains prélats, le moment était venu d'engager une véritable « purge » au sein de l'Église languedocienne. Déjà, l'évêque de Carcassonne, anticipant la mise au pas, avait remis sa démission qu'on s'empressa d'accepter pour confier le siège épiscopal à son neveu, Béranger. Ce dernier fit montre d'un tel zèle dans la chasse aux hérétiques que les habitants de Carcassonne le chassèrent sans autre forme de procès pour lui préférer Bernard-Raymond de Roquefort, jugé d'autant plus souple par ses ouailles que toute sa famille, y compris sa mère, était cathare ! C'est dire l'ampleur de la tâche… La purge pourtant se poursuivait : les évêques de Viviers et de Vence, l'un et l'autre facilement convaincus de mener une existence peu chrétienne, furent remerciés, comme l'évêque de Béziers, trop peu enclin à apporter son concours aux légats du pape. L'affaire fut plus simple à Toulouse où l'évêque Fulcrand eut le bon goût de mourir avant qu'on ne se préoccupe de son cas pourtant dramatique. La ville était riche, mais le diocèse n'avait pas un sou !

À la suite des frères cisterciens, d'autres légats avaient été mandatés : Jean de Saint-Paul, cardinal de Saint-Prisque, puis l'énergique Pierre de Castelnau, bon connaisseur de la région puisqu'il était moine à l'abbaye de Fontfroide. C'est à lui que l'on confia le soin de s'assurer de la fidélité des Toulousains dont l'opulente cité était toujours désignée comme un repaire d'hérétiques. Le successeur de Fulcrand, Raymond de Rabastens, voyait son élection remise en cause, et il fut vite établi que le nouvel évêque avait payé ses électeurs… Quant aux autorités municipales, elles s'engagèrent solennellement à lutter contre les hérétiques, sans toutefois que cette promesse ait pu sembler à quiconque véritablement convaincante. D'autant plus qu'elle était assortie d'une condition nécessaire, à savoir que les légats ne s'immiscent pas plus avant dans les affaires de la ville et que les hérétiques qui reconnaîtraient leur erreur ne soient pas inquiétés. Une fois encore, Toulouse manifestait son désir d'indépendance.

À Narbonne, le cas de l'archevêque Bérenger était autrement plus délicat car, s'il était le plus puissant sans doute des prélats de la région, il était également celui sur lequel circulaient les rumeurs les plus folles. Son exécrable réputation se justifiait non seulement par son goût immodéré du luxe, les soupçons de prévarication qui pesaient sur lui et par la vie licencieuse qu'il affichait sans vergogne, mais également par le total désintérêt qu'il prêtait aux affaires des évêchés placés sous sa responsabilité. Bérenger fit la sourde oreille et méprisa les légats du pape. Mieux, quand ceux-ci se montrèrent trop pressants, il en appela au saint Père, se disant victime de persécution ! Le culot portera ses fruits, et Bérenger, accroché à son siège archiépiscopal comme à ses prébendes et ses privilèges, demeura en place.

Cet échec relatif dans la reprise en main du clergé ne doit pas cacher le succès d'une entreprise qui, en quelques années, avait permis de réorganiser l'Église languedocienne. Elle ne préjugeait pas encore d'un zèle accru dans la chasse aux hérétiques, mais au moins les conditions étaient-elles plus favorables pour que celle-ci s'amplifiât. C'est à Toulouse, la cité frondeuse, que le légat Pierre de Castelnau obtint son plus grand succès : après avoir obtenu la démission de Raymond de Rabastens, un nouvel évêque fut élu, Foulques, qui avait été troubadour. Celui qui avait chanté avec talent la *fin'amor* ne s'était jamais remis du chagrin que lui avait causé la belle Eudoxie de Montpellier et s'était retiré du monde à l'abbaye du Thoronet dont il devint le père abbé. Nouvel évêque de Toulouse, il déploiera bientôt toute son énergie à lutter contre les cathares, instituant même dans la cité méridionale une Confrérie blanche, sorte de milice très chrétienne chargée de l'assister *manu militari* dans sa traque des hérétiques.

Pour l'heure, le chemin était encore long avant que l'hérésie ne soit extirpée. Un peu d'ordre et d'autorité avaient été remis dans le clergé occitan, mais les communautés cathares continuaient de prospérer sans être autrement inquiétées. Et les pouvoirs locaux ne manifestaient guère d'empressement à collaborer efficacement. Ainsi, Pierre II d'Aragon, qui avait pourtant donné des gages de sa bonne volonté à lutter contre l'hérésie, adopta une attitude beaucoup plus conciliante. En 1204, il prit l'initiative d'une rencontre à Carcassonne qui réunit des représentants des communautés cathares, vaudoises et des catholiques. Cette fois encore, les légats et les évêques réfutèrent les thèses impies qu'ils entendirent, mais leur autorité apparaissait bafouée par le fait même qu'un tel colloque ait pu avoir lieu. Alors que Rome travaillait à restaurer la toute puissance du dogme, ceux-là même qui auraient dû être ses principaux alliés continuaient de croire aux vertus du dialogue et de la négociation, au grand dam du légat Pierre de Castelnau qui ne pouvait dissimuler son dépit. À plusieurs reprises, il demanda à Innocent III, mais en vain, d'être relevé de ses fonctions.

Conscient de ne pas pouvoir compter sur les princes du Midi, Innocent III fit alors appel au roi de France, Philippe

Auguste, lequel était jusqu'à présent resté prudemment à l'écart des controverses, non sans se tenir informé des troubles. Prétextant les dispositions juridiques qu'il avait récemment entérinées, le pape pria le capétien d'intervenir directement en qualité de roi très chrétien pour faire cesser l'hérésie, en conséquence de quoi il pourrait rattacher à la Couronne les biens qu'il aurait confisqués non seulement aux hérétiques mais également à ceux qui les protégeaient. Il ne s'agissait rien de moins que d'un appel déguisé à la croisade, appel auquel le roi ne répondit pas. Un an plus tard, en janvier 1205, Innocent III implorait de nouveau Philippe Auguste, lui rappelant ses obligations de prince catholique, sans obtenir plus de réponse. Pour Innocent III, ce fut une profonde déconvenue, mais, nous l'avons dit, le pape ne désespérait pas de parvenir à ses fins par la prédication, quand bien même les tentatives passées s'étaient soldées par d'amers échecs. Un personnage apparut alors, un moine espagnol, qui offrit ses services au souverain pontife.

La mission de saint Dominique

Originaire de la Vieille-Castille, Dominique Guzman avait très tôt répondu à l'appel de Dieu et, en 1196, il était élu chanoine du chapitre d'Osma. Ses contemporains ont tous témoigné de l'intense esprit de charité qui l'animait, une charité qui le voyait naturellement se dépouiller de ses biens pour venir en aide aux plus nécessiteux. C'est en 1203, à l'occasion d'un voyage diplomatique en direction du Nord – il accompagnait alors son évêque jusqu'aux marches de Dacie pour trouver là-bas une épouse au roi Ferdinand de Castille –, qu'il découvrit Toulouse. Il ne fallut pas longtemps pour que Dominique prenne la mesure du mal qui rongeait alors la région : « En cheminant vers l'ancienne capitale des Wisigoths, nous voyions des églises fermées, des prieurés en ruine, et les rares clercs rencontrés nous contaient, avec des larmes dans la voix, les souffrances qu'ils enduraient, les tribulations dont ils étaient victimes. » Dominique exagère bien sûr et si la région avait à se plaindre de mille maux, elle ne les devait qu'aux élites religieuses et laïques, certainement pas aux « bons hommes ». Il prit toutefois conscience de l'essor de l'hérésie en Languedoc et s'en trouva douloureusement affecté.

Quand, en août 1206, il rencontra les légats du pape à Montpellier, il les écouta lui raconter comment ils échouaient toujours dans leur prédication. Dominique comprit aussitôt que la méthode employée n'était pas la bonne, critiquant le luxe de leurs équipages comme de leurs habits. À en croire Jourdain de Saxe, le premier biographe de saint Dominique, celui-ci leur fit une sévère mais charitable leçon de morale : « Ce n'est pas ainsi qu'il faut procéder, car les hérétiques montrent les dehors de la dévotion et donnent aux gens simples l'exemple menteur de la frugalité évangélique et de l'austérité. Si donc vous étalez des façons de vivre opposées, vous édifierez peu, vous détruirez beaucoup et ces gens refuseront d'adhérer à la vraie foi. » Après tant d'années de vaines controverses et de prêches stériles, Dominique était le premier à suggérer une méthode aussi simple que possiblement efficace : on ne pouvait ramener les brebis égarées qu'en leur montrant le chemin, et donc l'exemple. Il ne faisait aucun doute qu'il fallait combattre l'hérésie sur son propre terrain, c'est-à-dire en menant la même existence de pauvreté que les « Parfaits » cathares. Averti par ses légats, Innocent III accepta que l'expérience soit tentée et autorisa Dominique, avec quelques compagnons, à prêcher en Languedoc. Pierre de Castelnau les accompagna pour juger de l'efficacité de la méthode.

À en croire les très complaisantes hagiographies de saint Dominique, la prédication itinérante fut couronnée de succès. Il y eut bien quelques accueils hostiles, le plus souvent liés à la présence de Pierre de Castelnau qui faisait tant l'unanimité contre lui qu'il dut se résoudre à se cacher durant de longs mois. Mais dans l'ensemble, la population se laissa convaincre. À Servians, à Béziers, à Verfeil, Dominique et ses compagnons auraient obtenu des résultats encourageants. La petite communauté installa ses quartiers dans un couvent désaffecté, à Prouille, en Lauragais, d'où elle poursuivit son lent travail de prêches.

Au début de 1207, à Montréal, non loin de Fanjeaux, la dispute théologique entre cathares et catholiques prit un tour singulier et fut l'occasion d'un miracle dont l'histoire officielle de l'Église, par la suite, fera son miel : chacun avait pris soin de coucher sur le papier ses arguments et il fut convenu que les écrits de chaque parti seraient jetés au feu. La Providence divine assurément épargnerait des flammes ceux qui détiennent la vérité. Et bien sûr, les écrits de Dominique, exposés à trois reprises aux flammes de l'ordalie, ne brûlèrent pas. Quel sens attribuer à ce miracle opportun ? Que la Vérité de l'Église et celle de Dieu ne font qu'une, sans doute. Mais le miracle que l'on pouvait espérer, à savoir des conversions en masse qui auraient suivi cet épisode, n'advint pas. Si les chroniqueurs ont par la suite narré à l'envi le miracle de saint Dominique, sans doute était-ce pour mieux justifier le recours à la force qui sera bientôt employé contre des hérétiques qui s'obstinaient, alors même qu'une miraculeuse intercession divine leur avait montré le chemin.

Un autre colloque eut lieu la même année à Pamiers chez le comte de Foix, grand protecteur des cathares, auquel participa le nouvel évêque de Toulouse, Foulques, ceux du Couseran et du Comminges, ainsi que la sœur du comte, Esclarmonde, qui avait embrassé avec ferveur la foi cathare. Pas de miracle cette fois, mais les chroniques nous apprennent un grand nombre de conversions d'hérétiques ramenés par Dominique dans le giron de l'Église. Or, il faut en convenir, malgré tout le zèle qu'il déploya dans sa prédication pour « re-évangéliser » la région, saint Dominique ne fit pas mieux que son prédécesseur, saint Bernard. On peut porter au crédit d'Innocent III d'avoir au moins tenté l'expérience, mais souhaitait-il réellement mettre fin à l'hérésie par cette seule voie ? La réforme du clergé avait porté des fruits insuffisants, la prédication de Dominique n'eut qu'une efficacité modeste, et il n'est guère douteux que l'idée du recours à la force n'avait jamais quitté l'esprit du pape.

C'est d'ailleurs au moment où l'entreprise de Dominique et de ses compagnons montrait l'exemple d'une résolution possible, pacifique et patiente du problème, qu'une décision brutale vint précipiter le cours des événements.

Le feu aux poudres

Le comte de Toulouse, Raymond VI, n'avait vu son excommunication de 1196 levée que parce que le Saint-Siège espérait ainsi le contraindre à de meilleures dispositions en faisant montre de bienveillance à son endroit. Or, le turbulent comte n'avait en rien changé son attitude. Il avait beau protester avec véhémence de sa fidélité à Rome, jamais il n'avait pris la moindre mesure à l'encontre des hérétiques sur ses terres. Surtout, il refusait farouchement d'apporter son concours au légat Pierre de Castelnau qu'il tenait en piètre estime et auquel il rappelait toujours qu'il n'était pas le bienvenu dans le comté de Toulouse, tout émissaire du pape qu'il était. Pierre de Castelnau agit-il de sa propre initiative ? Toujours est-il qu'en avril 1207, il condamnait le comte, l'excommuniant une nouvelle fois et jetant l'interdit sur ses fiefs. Sanction grave que le souverain pontife confirma peu après, reprochant à Raymond VI son impiété manifeste et la violence dont il usait parfois contre les représentants de l'Église, sa coupable tolérance à l'égard des hérétiques et un grand nombre d'autres griefs parmi lesquels la protection qu'il apportait aux bandes de routiers, mercenaires et pilleurs qui ravageaient trop fréquemment la région, et aussi la présence de Juifs parmi les autorités municipales de Toulouse. Pour toutes ces raisons, Raymond VI encourait une autre sanction : la confiscation non seulement du comté de Melgueil pour lequel il était vassal du pape, mais aussi de ses autres domaines.

Dans le même temps, Innocent III adressait une lettre aux évêques dans laquelle il énumérait les mêmes motifs, désignant le comte de Toulouse comme le pire adversaire de l'Église, rappelant à chacun que les biens de la maison de Saint-Gilles seront à prendre par qui s'armera contre lui. C'est aussi à ce moment que le pape décidait d'en finir avec l'archevêque de Narbonne qui le narguait depuis si longtemps, décidant d'une nouvelle enquête sur ses agissements. On peut raisonnablement penser qu'en faisant de la sorte, Innocent III songeait moins à intensifier la lutte spirituelle qu'il avait engagée contre l'hérésie qu'à achever de placer sur l'échiquier politique du sud-ouest les pions qui lui manquaient pour en finir une fois pour toutes, non seulement avec la dissidence religieuse, mais aussi avec ceux qui l'avaient trop longtemps protégée.

C'est d'ailleurs à la fin de cette année 1207 que le pape s'adressait une nouvelle fois au roi de France. Les termes étaient sans ambiguïté : le Saint-Siège attendait de Philippe Auguste qu'il lève une armée contre les ennemis de la foi, non sans lui rappeler que le royaume de France serait, durant le temps de l'expédition, placé sous la protection de saint Pierre, et, mieux encore, que les fiefs du comte excommunié et récalcitrant étaient « exposés en proie », à savoir qu'ils appartiendraient à celui qui s'en emparerait. Le pape alla encore plus loin en adressant également cette lettre à tous les grands barons du royaume capétien. Jamais son intention de lever une croisade contre le Midi n'avait été si clairement exposée. Le roi de France répondra et refusera de prendre part à une telle expédition. Il avait déjà fort à faire avec l'Angleterre et le Saint Empire qui étaient comme « deux lions sur ses flancs », sans se découvrir plus encore sur un troisième front. En outre, Philippe Auguste ne goûtait que très modérément les ambitions théocratiques d'Innocent III et, en qualité de suzerain du comte de Toulouse, il jugeait mal venue la demande pressante du pape qui le priait d'intervenir chez l'un de ses propres vassaux.

La fin de non-recevoir que le roi de France adressa au pape aurait pu ruiner les espoirs de ce dernier de soulever une croisade contre le Midi hérétique. C'était compter sans l'impétuosité de Raymond VI de Toulouse qui avait bien saisi le piège dans lequel on voulait l'enfermer et n'eut de cesse d'obtenir que les sanctions qui lui avaient été infligées fussent levées. Il se rendit à Saint-Gilles en Provence pour y rencontrer, dans les premiers jours de 1208, les légats du pape, dont Pierre de Castelnau, qui l'avait si lourdement condamné. Le comte se déclara prêt à faire amende honorable et témoigna une fois de plus de son vif désir de complaire à Dieu et à l'Église. Pierre de Castelnau ne fut pas dupe et refusa de lever les sanctions, ce qui irrita Raymond VI, lequel dit-on mit fin brutalement à l'entrevue non sans proférer de blasphématoires menaces de mort à l'encontre du légat. Or, quelques jours plus tard, le 14 janvier, Pierre de Castelnau était assassiné à la sortie de Saint-Gilles, alors qu'il se disposait à franchir le Rhône avec sa suite. Le crime était signé pensa-t-on, car l'assassin qui avait fiché sa lance dans le dos du légat était un écuyer de Raymond VI. Le comte de Toulouse s'en défendra toujours et les historiens s'interrogent d'ailleurs encore sur les raisons qui auraient pu pousser Raymond VI à commanditer un tel crime. Car ce n'est pas au comte de Toulouse, loin s'en faut, que le crime profita. Le pape, en revanche, avait désormais un motif tout trouvé pour déclencher sa colère sur les fiefs de la maison de Saint-Gilles, là même où se terrait le « monstre hideux de l'hérésie ». C'est pourquoi il est tout aussi légitime de penser que, dans l'entourage du pape, il a dû s'en trouver pour se féliciter qu'un tel assassinat avait été perpétré à point nommé pour légitimer une croisade que beaucoup, à la suite d'Innocent III, appelaient de leurs vœux depuis plusieurs années déjà. Parmi ceux-là, Arnaud Amaury, ancien abbé de Poblet en Catalogne puis de Grandselve, en Toulousain, que le pape avait quelques années auparavant adjoint à Pierre de Castelnau. Arnaud Amaury connaissait bien le Languedoc et l'hérésie qui s'y répandait, qu'il pourchassait avec un zèle infatigable. Il fut le plus prompt à dénoncer au pape le comte de Toulouse et à l'inciter à la plus grande fermeté.

L'assassinat du légat pontifical avait profondément bouleversé Innocent III qui considéra ce geste comme une atteinte directe à sa personne et une offense à Dieu. Plus rien désormais ne pouvait empêcher que le glaive de la justice s'abatte sur le Languedoc. Rien, sinon que le glaive manquait. Aussi Innocent III demanda-t-il une nouvelle fois l'intervention du roi de France, en même temps qu'il demandait aux barons du nord de s'apprêter à la croisade : « Prenez le glaive que vous avez reçu de Dieu pour la vindicte des malfaiteurs et pour l'honneur des bons ; joignez votre glaive au nôtre, afin que, ensemble, nous punissions ces méchants. Si vous ne veniez à son secours dans cette tempête nouvelle, le vaisseau de l'Église ferait un complet naufrage. »

Philippe Auguste réserva sa réponse et l'année 1208 passa en intenses tractations politiques. L'assassinat d'un légat était un argument sérieux, encore fallait-il que la responsabilité du comte de Toulouse fût clairement établie. De plus, les considérations juridiques du pape, qui appelait à la croisade au sein même de la chrétienté, n'étaient que très fragilement étayées aux yeux de Philippe Auguste qui restait seul suzerain des Saint-Gilles. Le roi seul pouvait donc confisquer les terres de son vassal et le pape ne pouvait en disposer aussi légèrement. Arnaud Amaury, qui remplaçait désormais Pierre de Castelnau dans les affaires du Languedoc, multiplia les ambassades auprès du roi de France, lequel finit par accepter que la croisade eût lieu. Il refusa toutefois d'y prendre part, tout comme il en empêcha son fils. Les barons du royaume en revanche pouvaient se croiser.

C'est le 10 mars 1208 qu'Innocent III lança son appel à la croisade : « En avant, Chevaliers du Christ ! En avant, courageuses recrues de l'armée chrétienne ! Que l'universel cri de douleur de la sainte Église vous entraîne. Qu'un zèle pieux vous enflamme pour venger une si grande offense faite à votre Dieu... On dit que depuis le meurtre de ce juste, l'Église de ce pays est sans consolateur, plongée dans la tristesse et l'affliction ; la foi a disparu, la paix est morte, la peste hérétique et la rage guerrière ont pris des forces nouvelles ; la barque de l'Église est exposée à un naufrage total... » Cette croisade, la seule entreprise en terre chrétienne, sera la grande affaire du pontificat d'Innocent III le théocrate. Il la qualifiera lui-même d'« Affaire de la paix et de la foi », *negotium pacis et fidei...*

Chapitre III

« Tuez-les tous ! »

Arnaud Amaury se vit confier le soin de réunir « l'ost », l'armée des chevaliers, qui se rassemblait à Lyon. La lutte incessante que Philippe Auguste menait contre le roi d'Angleterre mobilisait déjà un grand nombre de barons, mais il en restait cependant suffisamment que l'aventure de la croisade enthousiasmait. Aventure spirituelle tout d'abord, car contrairement aux idées trop facilement reçues, prendre la croix n'était pas, en cette époque de grande piété, un acte anodin ; la rémission des péchés n'était pas le moindre des arguments capables d'encourager les vocations. L'intérêt n'était pas absent bien sûr, à commencer par la perspective de s'enrichir dans une guerre de conquêtes. Toutefois, la guerre n'étant pas sans danger, un autre intérêt entrait en ligne de compte : celui qui se croisait voyait ses biens placés sous la protection de l'Église. Heureuse disposition qui permettait de suspendre les actions des créanciers ! Une raison toute simple enfin explique que l'armée des croisés fût si nombreuse : pour la première fois, la croisade ne se portait pas dans l'Orient lointain qu'il était si dangereux de rallier, mais sur le continent,

et en des contrées toutes proches. Le service « d'ost »
étant fixé à quarante jours, les dangers s'en trouvaient
d'autant diminués.

Le comte de Nevers, Hervé IV, et le duc de Bourgogne,
Eudes II, furent les plus grands barons à se croiser, avec le
comte de Bar et celui de Saint-Pol. Avec eux, des milliers
de seigneurs de moindre lignage venus de Bourgogne ou
de Flandres, de Normandie ou d'Anjou et d'Allemagne
également. Des hommes d'Église bien sûr participaient à
cette entreprise éminemment spirituelle, les archevêques
de Rouen, de Sens, de Reims, les évêques de Bayeux, de
Clermont, de Lisieux… Tous avaient financé des troupes
dont le nombre, difficile à évaluer, s'élevait peut-être à
deux cent mille hommes.

« Dieu reconnaîtra les siens »

Devant le péril d'une attaque imminente, Raymond VI de
Toulouse joua sa dernière carte et se rendit à Valence en
juin 1209 à la convocation du légat Milon. En gage de son
obéissance, il accepta de remettre sept de ses forteresses :
Montferrand, Fourques, Oppède, Beaumes, Roquemaure,
Mornas et Largentière. Puis il fit amende honorable et
consentit même à prendre la croix pour combattre

l'hérésie. En agissant de la sorte, Raymond VI, non sans culot, se préoccupait surtout de placer ses domaines sous la protection de Rome et de leur épargner les dévastations à venir ! Son neveu, Raymond-Roger Trencavel, avec lequel il avait vainement cherché à faire alliance, tenta lui aussi la même manœuvre, mais le pape n'accepta pas un serment qui était manifestement trop entaché d'hypocrisie. Ce sont donc les possessions de Trencavel qui seraient les premières cibles de la croisade qui fourbissait ses armes.

L'armée des croisés s'ébranla le 24 juin 1209 en direction de Valence, d'Avignon puis de Montpellier. Deux autres colonnes s'étaient regroupées plus à l'est, venues de Dordogne et du Périgord. La première, sous la conduite de l'archevêque de Bordeaux et du comte d'Auvergne, traversa rapidement le Quercy et l'Agenais, mettant à sac le village de Tonneins. La seconde partit du Puy, sous la direction de l'évêque du lieu, et les rejoignit à Casseneuil, qui était sans doute le plus important foyer cathare de l'Agenais. C'est là que fut allumé le premier bûcher de la croisade et où périrent celles et ceux qui refusèrent d'abjurer.

Le 21 juillet, l'armée principale arrivait devant Béziers, possession de Raymond-Roger Trencavel. La ville s'était préparée, ses habitants s'étant résignés à combattre plutôt que de livrer les quelque deux cents cathares et sympathisants qu'elle protégeait, à en croire la liste qu'avait dressée l'évêque biterrois. Les négociations ne durèrent donc pas et certains habitants trop fougueux choisirent d'attaquer, espérant sans doute désorganiser l'adversaire par une manœuvre aussi hardie qu'inattendue. Mais la tentative échoua et, dans leur retraite, ils ne purent refermer les portes par où s'engouffra la soldatesque. Bientôt, la cathédrale Saint-Nazaire fut en flammes et la ville entière livrée au massacre. Un massacre qui aurait été encouragé par la terrible phrase qu'Arnaud Amaury aurait prononcée à l'occasion : « Tuez-les tous ! Dieu reconnaîtra les siens ! » La chronique parle de 20 000 morts, c'est également le chiffre cité par les rapports des légats au pape, mais il y en eut bien sûr beaucoup moins. D'abord parce qu'il s'agit presque d'une « convention littéraire » propre à l'époque, le nombre important de victimes faisant la grandeur de la victoire ! Il s'agissait surtout d'exagérer volontairement afin d'effrayer les autres cités qui hésiteront ensuite sans doute dans leurs velléités de résistance. Mais il y eut bel et bien un massacre lors de cette première grande bataille de la croisade contre les « Albigeois », Arnaud Amaury et ses chevaliers ayant voulu frapper les imaginations en prouvant leur détermination.

Une détermination qui fit beaucoup d'effet sur les habitants de Narbonne quelques jours après. La ville en effet choisit prudemment d'ouvrir ses portes aux croisés et leur offrit même son aide matérielle et financière. Il n'allait pas en être de même à Carcassonne, la cité capitale de Trencavel où les croisés arrivèrent le 1er août. Puissamment armée et fortifiée, la ville repoussa les premiers assauts mais ne put empêcher que les croisés s'emparent des berges de l'Aude, stratégiques pour l'approvisionnement en eau. C'est alors que les combats furent interrompus par l'arrivée du roi Pierre II d'Aragon, suzerain de Trencavel, qui s'en venait offrir ses services pour essayer de trouver une issue favorable qui épargnerait Carcassonne. Arnaud Amaury se montra disposé à laisser la vie sauve à Trencavel, lequel pourrait quitter libre la ville qu'il remettrait aux croisés. Le comte refusa et les combats reprirent. Après plusieurs jours d'attaques furieuses chaque fois repoussées, Arnaud Amaury proposa une nouvelle négociation. Le vicomte accepta et se rendit sous la tente du légat. Raymond-Roger Trencavel tomba-t-il dans un piège ou bien se constitua-t-il prisonnier en échange de la vie sauve pour les Carcassonnais ? Nul ne le sait, mais il fut jeté dans un cul-de-basse-fosse où il mourut en novembre, victime de dysenterie ou peut-être assassiné. Avec lui disparaissait le plus farouche adversaire de l'Église, mais la croisade ne s'achevait pas là. Les domaines de Trencavel étaient morcelés en une multitude de fiefs où des petits seigneurs à l'abri de leurs citadelles n'étaient nullement disposés à la reddition.

Conformément aux dispositions canoniques entérinées par Innocent III, les fiefs de Béziers et Carcassonne se voyaient confisqués, il fallait maintenant les remettre à l'un des barons de la croisade. Or beaucoup ne s'étaient engagés, comme le veut le droit féodal, que pour un service de quarante jours, et songeaient déjà à rentrer. Ceux qui restaient ne s'empressèrent pas de revendiquer des terres dont on ne savait pas très bien, après tout, s'il était vraiment légal qu'elles fussent ainsi attribuées sans que le suzerain en titre, Pierre II d'Aragon, n'ait eu son mot à dire. Les plus grands barons, dont le comte de Nevers ou le duc de Bourgogne, se virent proposer la vicomté mais ils déclinèrent l'offre. Sans doute, les indulgences qu'ils avaient gagnées en prenant part à la guerre sainte leur suffisaient-elles. Plus sûrement, il leur sembla délicat d'accepter une couronne qui ne leur était pas due selon le droit féodal. De plus, en qualité de vassaux du roi de France, pouvaient-ils accepter un fief qui relevait de la couronne d'Aragon sans risquer de susciter bien des périls diplomatiques ? Un seigneur d'Île-de-France pourtant accepta, Simon de Montfort, qui s'était distingué par sa participation valeureuse aux combats. Elle lui vaudra non seulement de ceindre la couronne des Trencavel, mais aussi de prendre la direction de la croisade.

« La saveur de la haine »

Celui qui incarnera bientôt à lui seul l'épopée de la croisade contre les Albigeois – et ses excès – n'est encore qu'un modeste baron, certes apparenté aux plus grandes familles par le jeu des généalogies et des calculs matrimoniaux, y compris aux couronnes d'Angleterre et de France et même aux comtes de Toulouse. Il n'est que le deuxième fils de Simon III de Montfort, et c'est à son frère Amaury V qu'échoit la couronne comtale d'Évreux. Lui se contentera des fiefs de Montfort à l'ouest de Paris (aujourd'hui Montfort-l'Amaury), depuis Montchauvet, Osmoy et Thoiry au nord jusqu'à Gallardon, Rochefort-en-Yvelines et Saint-Martin de Brethencourt au sud. Par sa mère, Amicie, il aurait pu être comte de Leicester ; il ne le sera que de 1206 à 1207. Comme tous les seigneurs de son temps, il est animé d'une foi profonde et sincère, c'est pourquoi il répond avec enthousiasme en

1202 à l'appel de Foulques de Neuilly à la croisade qu'Innocent III avait en vain lancé dès 1198. Mais cette IVe croisade, on le sait, manquera son but. Simon réprouve les calculs diplomatiques et les intérêts financiers qui ont détourné la croisade vers l'opulente Constantinople. Lui préfère se rendre en Terre sainte où il fera la preuve de sa stricte obéissance à l'Église. Il y a avec lui son frère Guy, Robert de Mauvoisin, Enguerrand de Boves, Simon de Neauphle… Autant de jeunes seigneurs avec lesquels il tissera un fort réseau d'amitiés. De retour en France, tous répondront aux pressants appels d'Innocent III à extirper dans le Sud l'hérésie cathare.

Simon de Montfort a beau être valeureux au combat et convaincu dans sa foi, cela ne suffit pas à le désigner comme chef de l'armée des croisés. En fait, il s'est moins imposé qu'il n'a été désigné par le conseil des frères cisterciens réuni autour d'Arnaud Amaury car, on le sait, les principaux seigneurs s'étaient prudemment retirés. Simon de Montfort, quoique de modeste lignage, offre toutes les garanties. Rompu au métier des armes, ferme de caractère, lié à un clan familial soudé, il a démontré à maintes reprises sa très sincère obéissance à Dieu et à l'Église. Sans compter, à en croire les chroniqueurs qui sont aussi des hagiographes, que tout dans son existence quotidienne en fait un homme droit, honnête et probe. Il apparaît donc comme l'instrument docile et efficace d'une croisade bien engagée et que Rome souhaite poursuivre sans plus attendre pour amener enfin à résipiscence un Midi gangrené par le péché de l'hérésie. Et, de fait, Simon de Montfort fera preuve d'un évident talent de chef de guerre, une guerre qu'il mènera avec autant d'efficacité que de cruauté. La résistance des villes de Béziers comme de Carcassonne lui a montré la détermination de ce Languedoc qu'il connaît mal. Il n'aura dès lors de cesse « de faire goûter à ces méridionaux rebelles la saveur de la haine »…

Le nouveau vicomte de Béziers et Carcassonne se fixa pour premier objectif de soumettre entièrement les terres qu'il venait de recevoir, tâche difficile car un grand nombre de chevaliers, leur service d'ost achevé, se préparaient à repartir. Alzonne, Fanjeaux et Montréal-du-Gers furent facilement conquises, puis Limoux et Preixan où un accord de paix fut signé avec le comte de Foix. Castres, enfin, ouvrit ses portes à l'armée des croisés et deux cathares périrent sur le bûcher. L'un d'eux pourtant supplia qu'on l'épargne et abjura, mais

Simon de Montfort, inflexible, refusa toute grâce. Dans le Cabardès, en revanche, les croisés échouèrent devant Surdespine, Cabaret et Quertinheux. Un compagnon de Simon de Montfort, Bouchard de Marly, tomba même aux mains de Pierre-Roger de Cabaret qui le gardera captif deux ans. Puis Montfort occupa bientôt Mirepoix, Pamiers, Lombers, et entra dans Albi. La résistance dans les terres conquises s'organisait pourtant, et à la fin du mois de septembre 1209, Pierre-Roger de Foix reprit Preixan, tandis que des révoltes éclatèrent à Lombers et à Castres. Les effectifs de Monfort se réduisaient dangereusement, aussi souhaita-t-il faire allégeance à Pierre II d'Aragon pour conforter son autorité sur des domaines qui lui demeuraient farouchement hostiles. Mais Pierre II refusa l'hommage, ce qui ne manqua pas d'encourager plus encore la résistance des populations aux barons étrangers.

Incapable de poursuivre, Montfort choisit alors d'attendre le printemps et l'arrivée de renforts, lesquels n'arriveront qu'en mars 1210, à Pézenas, conduits par sa propre épouse, Alix de Montmorency. Bram fut la première à souffrir de la reprise des hostilités. Pour punir la ville d'avoir osé lui résister, Montfort fit cruellement mutiler une centaine de ses habitants. Nez, oreilles et lèvres coupés, yeux crevés, les malheureux furent conduits par l'un des leurs (auquel on avait pris soin de conserver la vue) jusqu'aux châteaux de Cabaret pour horrifier et peut-être dissuader les défenseurs de ces forteresses. Minerve fut à son tour assiégée durant cinq longues semaines par les troupes de Jean de Monteil, de Guy de Lévis, de Robert de Mauvoisin, de Guy de Luce et d'Aimery de Narbonne. Là encore, la répression fut particulièrement atroce et, le 22 juillet 1210, pas moins de cent quarante hérétiques y furent brûlés vifs. En août, la forteresse de Termes fut contrainte à la reddition, puis vint le tour de Puivert, d'Aguilar, de Durfort et de Coustaussa. Les seigneurs de ces châteaux furent tous emprisonnés et leurs biens confisqués. Guillaume de Minerve, Raymond de Termes, Jourdain de Cabaret, Raoul de Laure, Pons de Mirabel, Raymond de Péreille, Pierre-Roger de Mirepoix et tant d'autres ne furent plus que des *faydits*, des « dépossédés ». Les domaines confisqués étaient aussitôt attribués aux barons les plus méritants, ceux qui formaient l'état-major de Simon de Montfort. Villesiscle échut ainsi à Guillaume des Essarts, Mirepoix à Guy de Lévis, Limoux à Lambert de Thury, Laurac à Hugues de Lassis ou encore Saissac à Bouchard de Marly...

Toulouse « exposée en proie »

Tandis que Simon de Montfort conduisait une guerre victorieuse sur l'ancienne vicomté de Trencavel, une bataille diplomatique faisait rage pour régler définitivement le problème du comté de Toulouse et de Raymond VI. Celui-ci ne participait à la croisade qu'avec une ardeur toute mesurée et son attitude à l'égard des hérétiques ne s'était nullement amendée en dépit des promesses qu'il avait faites. Les légats du pape, qui haïssaient Raymond VI toujours tenu pour responsable de l'assassinat de l'un des leurs, Pierre de Castelnau, cherchaient par tous les moyens à le réduire définitivement afin de pouvoir attaquer les domaines de la maison de Saint-Gilles. Il fallait pour cela s'assurer de la bienveillance de Pierre II d'Aragon et, lors d'une conférence tenue en janvier 1211 à Narbonne, le roi d'Aragon accepta, en sa qualité de suzerain, de se porter garant de la neutralité du comte de Foix. Mieux encore, il accepta cette fois que Simon de Montfort lui fasse hommage, ce qui signifiait qu'il se mettait – en partie – du côté de la croisade. Il ne le faisait d'ailleurs que pour n'avoir pas à trop s'immiscer dans ce conflit alors que la lutte qu'il menait en Espagne contre les Arabes accaparait une grande part de ses ressources. Pierre II scella cette entente par l'annonce du mariage de son fils Jacques avec la fille de Simon de Montfort. Les enfants n'ayant pas deux ans, il ne s'engageait donc pas trop...

Il fallait maintenant pousser Raymond VI dans ses derniers retranchements. Le procédé que les légats utilisèrent était grossier, il fonctionna pourtant. On reprocha d'abord à Raymond VI de n'avoir pas tenu ses engagements passés et on le pria instamment de porter la croisade sur ses propres terres afin d'y extirper l'hérésie. C'était déjà une demande inacceptable, on en rajouta cependant une autre, tout aussi extravagante, exigeant du comte de Toulouse qu'il parte en Terre sainte pour une durée indéterminée. Raymond VI refusa tout en bloc et le 6 février 1211, il s'entendait — une nouvelle fois — solennellement excommunié. Le comté de Toulouse se voyait à son tour « exposé en proie » et déjà, Simon de Montfort s'apprêtait à marcher sur Toulouse.

Les anciens domaines de Trencavel n'étaient toutefois pas entièrement conquis. Dans les premiers mois de 1211, Simon de Montfort enregistra de nouvelles victoires, à commencer par la prise des citadelles de Cabaret en mars. Une fois ces bastions réduits, les croisés purent marcher sur Lavaur, étape capitale de la croisade. Là s'étaient repliés un grand nombre de *faydits*. Mais plus encore, Lavaur, « livrée à l'hérésie », était le refuge de très nombreux Parfaits et croyants cathares. Le siège dura un mois et la ville fut conquise le 3 mai. Simon de Montfort voulut en finir avec l'arrogance des chevaliers *faydits* qui lui avaient donné tant de mal : quatre-vingt d'entre eux furent aussitôt pendus, dont Aimery de Montréal. Mais comme la terrible sentence était longue à être exécutée, on jugea plus prompt d'égorger ceux qui n'avaient pas encore été attachés à la potence. Vint le tour des hérétiques, à commencer par la châtelaine de Lavaur, Guiraude, à qui l'on réserva un sort particulier. Elle fut jetée au fond d'un puits et ensevelie sous de lourdes pierres. Aucun des croyants tombés aux mains des croisés n'accepta de renier sa foi et de prêter serment de fidélité à l'Église. On dressa alors un formidable bûcher où furent précipités pas moins de quatre cents hérétiques ! Peu après, un autre bûcher fut dressé non loin de Puylaurens, au bourg des Cassès, et soixante-quinze cathares périrent, peut-être plus. Au mois de mai toujours, Montferrand tomba aux mains de Simon de Montfort. Il n'y eut pas besoin de beaucoup combattre, car le propre frère de Raymond VI de Toulouse, Baudouin, livra la place. L'armée croisée se dirigea ensuite en Rouergue et en Albigeois où de nombreuses places fortes refusèrent le combat : Rabastens, Gaillac, Saint-Antonin, Puycelci ouvrirent leurs portes. Montfort put alors redescendre vers le sud, en direction de Toulouse.

La ville de Toulouse était abritée derrière ses puissants remparts et la population avait gonflé de tous ceux qui avaient fui les provinces ravagées. Le comte Raymond-Roger de Foix y était arrivé avec ses troupes, ainsi que le comte de Comminges et Hugues d'Alfaro, le sénéchal d'Agen. Confiants dans leur supériorité militaire, les Toulousains choisirent de ne pas attendre d'être assiégés et se portèrent en force au-devant des croisés qu'ils ne parvinrent pas à bousculer. Le lendemain 17 juin, Montfort commençait le siège de l'imposante et vaste cité. Tous les assauts échouèrent à provoquer la moindre brèche. Pire, les assiégés harcelaient sans cesse les assiégeants en multipliant des sorties meurtrières qui désorganisaient complètement leur dispositif. Après seulement quinze jours, Simon de Montfort dut se rendre à l'évidence qu'il ne s'emparerait pas de Toulouse et battit en retraite. Il profita que le comte de Foix fût enfermé dans Toulouse pour aller ravager ses terres.

Les deux armées se retrouvèrent en septembre devant Castelnaudary pour une bataille indécise. Les Toulousains étaient pourtant supérieurs en nombre, mais faute de cohésion et sans doute de compétences militaires, ils ne surent pousser leur avantage. Fort heureusement pour Simon de Montfort, car de toutes parts lui provenaient des nouvelles alarmantes : ce qui avait été conquis se défaisait. Encouragée par le front commun constitué par Raymond VI de Toulouse, Raymond-Roger de Foix et Bernard de Comminges, rejoints par le vicomte Gaston VI de Béarn, la résistance occitane connaissait un vif regain de vigueur. Une grande partie du Lauragais et de l'Albigeois s'était rebellée, des villages par dizaines avaient chassé la garnison croisée qui les occupait pour rallier l'étendard toulousain. La croisade marquait le pas, Simon de Montfort devait réagir au plus vite.

Sitôt qu'il eut reconstitué ses forces et obtenu de nouveaux renforts, Montfort put entreprendre la reconquête de ce qui avait été perdu. En mars 1212, Montégut, Gaillac, Rabastens et Cahuzac furent de nouveaux aux mains des croisés. Peu après, Hautpoul, Puylaurens, Saint-Marcel, Laguépie, Saint-Antonin l'étaient également. La reconquête dura encore une partie de l'été jusqu'à ce que Montfort s'empare de Penne-d'Agenais et de Moissac dans le Quercy, mais aussi de Biron, en Périgord. À la fin de 1212, Simon de Montfort était seul maître du terrain, même si Toulouse et Montauban lui résistaient encore. La croisade n'avait certes pas entièrement atteint son objectif religieux, mais au moins avait-elle affaibli l'hérésie. Elle s'était aussi transformée en véritable guerre de conquête où des chevaliers français avaient pris la place des seigneurs locaux. Cette « spoliation » n'était toutefois pas inscrite dans le droit, sinon dans le droit canon de l'Église qui avait « exposé en proie » les terres gagnées par les croisés. Aussi, Simon de Montfort, qui s'était installé à Pamiers pour y passer l'hiver, fit-il rédiger les statuts qui fixeraient les us et les coutumes dans les fiefs conquis. Les « statuts de Pamiers » légitimaient la croisade et insistaient sur la justification religieuse de l'œuvre entreprise afin « de faire régner les bonnes mœurs et balayer l'ordure hérétique qui avait corrompu tout le pays ». Il s'agissait aussi de placer les fiefs confisqués sous la coupe des barons français et de substituer au droit méridional les usages du Nord. Il n'en faudra pas davantage pour que, bien des siècles plus tard, le régionalisme occitan ne crie à la colonisation brutale du Languedoc.

La chute de Pierre II

Le résultat de la croisade, qui prenait l'allure d'une véritable guerre de conquête, n'était donc pas ce qu'Innocent III avait souhaité. Mais sur le terrain, les faits étaient là, compliquant plus encore l'imbroglio politique de la région. C'est alors que Pierre II d'Aragon revint sur le devant de la scène. Celui-ci venait de remporter, le 16 juillet 1212, la grande victoire de Las Navas de Tolosa contre le calife almohade. Depuis ce succès éclatant qui faisait de lui le champion de la Chrétienté, il était « Pierre le Catholique » et il entendait bien profiter de cette gloire pour peser enfin sur le cours des événements. Raymond VI de Toulouse lui aussi comprit très vite que son beau-frère Pierre II, qui avait désormais les mains libres pour agir de ce côté des Pyrénées, pouvait lui être d'un précieux secours.

Peu importait à Raymond VI qu'il fût vassal du roi de France – le lien de vassalité entre les Saint-Gilles et le capétien étaient depuis longtemps bien lâches – : il se mit sous la protection de Pierre II d'Aragon. C'était d'ailleurs dans l'intérêt bien compris de ce dernier qui ne pouvait laisser Simon de Montfort poursuivre ses conquêtes qui menaçaient de voir les domaines toulousains tomber dans l'escarcelle des croisés, et, partant, dans celle du roi de France, ruinant ainsi les grandes ambitions du souverain aragonais de se constituer un jour un vaste domaine pyrénéen. Pierre II en appela donc au pape Innocent III pour que la croisade cessât.

Ce fut une aubaine pour le pape, trop heureux de trouver une issue favorable à cette entreprise, d'autant mieux que les arguments de Pierre II étaient solides : Simon de Montfort, affirma-t-il, avait outrepassé ses droits et prérogatives, maltraitant dans sa haine aveugle non seulement des hérétiques, mais également de bons chrétiens. La croisade voulue par le Saint Père avait dévié de ses objectifs et Pierre II fit valoir que Montfort, aiguillonné par des légats trop belliqueux, s'en prenait indûment aux possessions des Saint-Gilles et avait même porté la guerre sur des terres que l'hérésie n'avait jamais gagnée. Convaincu par la proposition de Pierre II, Innocent III décida en janvier 1213 que la croisade devait s'achever. Or, en Languedoc, ni Simon de Montfort ni les légats pontificaux n'étaient disposés à ce que la croisade s'arrêtât en si bon chemin et, de leur côté, ils négociaient âprement. S'ils avaient eu connaissance du plan de paix proposé par Pierre II, ils ignoraient en revanche le souhait du pape d'arrêter la croisade ; lors d'un concile tenu à Lavaur, ils réfutèrent les positions de Pierre II et estimèrent, parce qu'ils n'agissaient qu'en pleine obéissance au pape, que le droit de la croisade que ce même pape avait institué devait primer sur le droit féodal sans se préoccuper de complexes et accessoires considérations de vassalité. Innocent III se trouva donc dans une position délicate. Il s'était rangé aux arguments de Pierre II et avait décidé de l'arrêt de la croisade ; mais sur place, ses émissaires l'avaient désavoué.

L'année 1213 passa donc en de périlleuses tractations politiques et diplomatiques. Innocent III, bien contraint de se déjuger d'une façon ou d'une autre, écouta ses légats qui lui brossèrent de la situation dans le Midi un tableau autrement plus sombre que Pierre II ne l'avait fait. L'hérésie ne reculait pas et les terres que celui-ci lui avait dit avoir été injustement conquises étaient en fait gangrénées par la dissidence religieuse. C'est sans doute cet argument qui emporta la conviction d'Innocent III, lequel annula sa décision de janvier et signa le 21 mai de nouvelles bulles qui demandaient au roi d'Aragon de ne plus protéger le comte de Toulouse et de ne pas entraver la poursuite de la croisade. Furieux, Pierre II d'Aragon s'estima délivré de tout serment à l'égard du pape et fit battre le rappel de ses troupes, bien décidé à en découdre avec les croisés de Montfort.

C'est à Muret, non loin de Toulouse, que fut livrée le 12 septembre la formidable bataille qui mit aux prises la coalition occitane réunie autour de Pierre II le Catholique et la « Milice de Dieu » conduite par Simon de Montfort. La citadelle de Muret était tenue par une garnison de croisés et Pierre II savait pertinemment qu'en la mena-çant, il attirerait là Montfort. Assuré de sa supériorité numérique, il livrerait bataille dans la vaste plaine propice aux grands mouvements de sa cavalerie. Le piège fonc-tionna. Simon de Montfort, qui ne pouvait refuser de livrer bataille, chercha par tous les moyens de négocier, mais en vain, et il dut se résoudre à affronter un adver-saire qui peut-être taillerait en pièces, avec les troupes de la chevalerie française, les ambitions de la croisade. Or c'est tout l'inverse qui se produisit. Dès les premiers assauts, il apparut que l'impétuosité des Catalans comme des Toulousains manquait d'efficacité. La lourde chevale-rie française, mieux préparée, encaissa le choc et Pierre II d'Aragon trouva la mort dès les premières heures de la bataille. Il s'ensuivit une complète désorganisation dans les rangs catalans, puis un sauve-qui-peut général. L'intelligence tactique de Simon de Montfort fit le reste. Contre toute attente, celui-ci remportait à Muret, contre le plus redoutable adversaire qu'il ait eu à affronter, sa plus éclatante victoire.

La bataille de Muret sonna le glas des ambitions aragonaises dans le Midi et fit courir à Raymond VI de Toulouse les plus grands périls. Montfort pourtant ne se tourna pas aussitôt vers la grande cité – ce qui n'était que partie remise. Réfugié un temps en Angleterre, Raymond VI revint en avril 1214 dans le Toulousain pour y rencontrer le nouveau légat du pape, Pierre de Bénévent. Une nouvelle fois, il fit acte de contrition et fut absous, mais sa soumission sembla cette fois définitive : « Je vous livre ma personne [...] Je travaillerai efficacement à ce que mon fils se mette entre vos mains et vous livre sa personne et ses domaines [...] Si vous l'ordonnez, je quitterai ma terre et me rendrai auprès du roi d'Angleterre. » Pierre de Bénévent ayant auparavant obtenu la soumission des comtes de Comminges et de Foix, les principaux princes occitans étaient tous rentrés dans le rang. Du moins pouvait-on le croire. Car Raymond VI avait trop souvent démontré le peu de cas qu'il faisait des promesses…

Le Midi se soulève

Après Las Navas de Tolosa et Muret, l'écho d'une autre grande victoire retentissait dans l'Occident. Le dimanche 27 juillet 1214, à Bouvines, près de Lille, Philippe Auguste mit en déroute la coalition que le nouveau roi d'Angleterre Jean sans Terre, le comte de Boulogne Renaud de Dammartin, le comte de Flandres Ferrand et l'empereur germanique Otton IV de Brunswick avaient formée contre lui. Le long conflit qui avait opposé le capétien à l'Empire et à l'Angleterre s'apaisait enfin, laissant au roi de France le répit nécessaire pour se préoccuper des événements du sud-ouest. Son fils, le prince Louis, héritier de la Couronne, descendit dans le Midi au printemps 1215 et entra dans Toulouse aux côtés de Simon de Montfort. Entre-temps, la ville avait été contrainte de démanteler ses murailles en gage de soumission. Pour la première fois, la Couronne de France soutenait la croisade qui semblait d'ailleurs sur le point de s'achever. Philippe Auguste avait envoyé son fils dans le Midi pour qu'il pût observer la situation et certainement y préparer la redistribution des cartes politiques.

En novembre 1215 s'ouvrit le grand concile œcuménique de Latran, au cours duquel Innocent III tint à régler définitivement le sort de Raymond VI. Celui-ci fut condamné sans appel, reconnu, entre autres griefs, complice d'hérésie. En conséquence de quoi, le comte de Toulouse était dépossédé de ses biens, condamné à l'exil ; toutes ses terres occupées par les croisés étant dévolues à Simon de Montfort, nouveau comte de Toulouse et duc de Narbonne. Sans tarder, Montfort s'empressa de convaincre Philippe Auguste de bien vouloir accepter son hommage afin de traduire dans le droit féodal une disposition canonique. Philippe Auguste y consentit en avril 1216.

Devenu l'un des plus puissants seigneurs du royaume de France avec la bénédiction de l'Église, Simon de Montfort pouvait remercier la Providence d'avoir favorisé ses desseins. Or, une première déconvenue survint rapidement. Arnaud Amaury, le légat avec lequel il avait conduit cette croisade, avait pris ombrage de sa gloire. Il avait bien été nommé évêque de Narbonne mais espérait davantage, peut-être la Couronne ducale. La querelle s'envenima à tel point qu'Amaury excommunia Simon de Montfort ! Mais ce dernier dut bientôt affronter une crise plus grave quand il apprit que Raymond VI n'avait pas désarmé. Réfugié un temps en Italie, le comte déchu avait reparu avec son fils Raymond VII – dit Raymondet ou encore Raymond le Jeune –, lequel se sentait tout autant dépossédé avant même d'avoir pu régner. La mort d'Innocent III, survenue le 16 juillet 1216, ne fut pas étrangère à ce revirement. Le pape qui avait prêché la croisade avec tant de détermination n'étant plus, l'heure sembla propice aux Saint-Gilles de recouvrer leurs biens.

Raymond VI et son fils débarquèrent à Marseille qui les reçut dans la liesse générale. Il sembla qu'on y accueillait des libérateurs et toute la Provence se rangea aussitôt sous la bannière des comtes de Toulouse. Raymond le Jeune marcha sur Beaucaire dont il s'empara rapidement, organisant la défense d'une ville qui n'allait pas tarder à soutenir le siège des armées de Simon de Montfort. Les croisés arrivèrent en grand nombre mais la donne avait changé pour Montfort qui, cette fois, ne combattait plus dans un pays conquis et soumis. Enfermé dans Beaucaire, Raymond le Jeune en revanche pouvait compter sur l'aide de toutes les villes avoisinantes, une aide qui ne manqua pas et permit aux Provençaux de repousser les assauts répétés des croisés. Montfort dut se résoudre à lever le siège et se replia sur Nîmes où il apprit une autre mauvaise nouvelle : Toulouse à son tour entrait en rébellion.

La ville rose n'avait jamais accepté la tutelle de son nouveau maître, lequel avait bridé les prérogatives des consuls de la cité, garantes des libertés municipales. Quand Montfort arriva à Toulouse, la révolte était telle que la garnison française, impuissante à mener une guerre des rues, s'était réfugiée dans le Château-Narbonnais, siège du pouvoir comtal. Montfort ordonna le sac de la ville, qui ne put être qu'en partie exécuté. Puis il fallut fuir quand on apprit qu'une puissante armée levée par Raymond VI se dirigeait vers Toulouse. Le 13 septembre 1218, le comte déchu entrait triomphalement dans sa ville.

Toulouse avait dû démanteler ses défenses et abattre ses murailles, Raymond les fit aussitôt redresser pour résister à l'assaut prochain des Français. Car Simon de Montfort, résolu à reprendre la cité rebelle, avait convoqué le ban et l'arrière-ban des chevaliers qui restaient acquis à sa cause. Le soulèvement du Midi avait sérieusement affaibli les rangs croisés et les défections avaient été nombreuses, les renforts n'arrivaient plus qu'irrégulièrement et en nombre bien moindre qu'auparavant. Quand tout le Sud se rebellait dans ce qui ressemblait fort à une « guerre de libération nationale », quand la lutte contre l'hérésie n'était plus qu'un objectif secondaire voire oublié, l'esprit de croisade s'affaiblissait. Mais renoncer à Toulouse aurait été un aveu d'échec trop amer. Dans les premiers jours d'octobre 1217, Montfort mettait le siège devant une cité qui avait achevé de réorganiser sa défense. La lutte était d'autant plus inégale que les croisés n'avaient pas achevé d'organiser leur dispositif que le comte de Foix, à la tête d'une troupe nombreuse d'Aragonais, de Catalans et d'Occitans, venait renforcer encore plus la garnison toulousaine.

Toutes les tentatives de Montfort durant les mois d'automne échouèrent, puis la trêve hivernale passa dans l'un et l'autre camp à renforcer les positions. Les hostilités reprirent au printemps sans apporter d'avantage décisif aux croisés avant l'arrivée d'une puissante colonne de renfort conduite par Amaury de Craon et Michel de Harnes. Un nouvel assaut permit de s'emparer du faubourg Saint-Cyprien, hors les murs, sur la rive gauche du fleuve. Mais les croisés ne purent prendre pied sur les ponts qui franchissaient la Garonne. Le siège durait, entamant le moral des Français dans les rangs desquels des dissensions apparurent. L'enthousiasme manquait et faillit disparaître quand, le 6 juin 1218, Raymond VII le Jeune entrait en lice. Venu de Provence avec de nouveaux renforts, il parvenait à entrer dans la ville au nez et à la barbe des croisés. La partie était toutefois trop engagée pour que Montfort renonçât. Le 25 juin, il ordonna un nouvel assaut. C'est alors que, depuis un rempart, partit un jet de projectiles lancé par un pierrier que servaient selon la légende « des dames et des demoiselles ». Une pierre vint frapper en pleine tête le chef de la croisade qui mourut sur le coup.

Le fils de Simon de Montfort, Amaury, fut aussitôt désigné comme le nouveau chef de la « milice de Dieu ». Mais le jeune homme de vingt ans n'avait ni le charisme ni l'expérience de son père et il s'obstina à poursuivre pendant quelques semaines un siège voué de toute évidence à l'échec avant de se retirer le 25 juillet. La mort de Montfort avait fait fondre les dernières illusions et beaucoup de barons pensèrent que jamais ils ne parviendraient à achever une œuvre entreprise depuis bientôt dix ans et qui menaçait d'être réduite à néant. L'annonce de la mort de Montfort devant Toulouse avait retenti dans tout le Midi comme un immense cri d'espoir. Un nouveau héros de la lutte occitane s'était imposé comme le chef de la reconquête des terres injustement confisquées,

Raymond VII le Jeune, que son père avait désigné comme héritier. Raymondet avait fait la preuve éclatante de ses réelles capacités militaires – il s'empressa d'ailleurs de profiter de la désorganisation de l'ennemi.

Le nouveau pape Honorius III confirma Amaury de Montfort dans les possessions qu'il héritait de son père et sollicita l'aide du roi de France qui accepta qu'une nouvelle colonne de croisés fût constituée pour venir à son aide. Entre-temps, Raymond VII partit à la reconquête de ses domaines. Condom, Clairac puis Marmande furent reprises et bientôt le Rouergue, le Quercy, l'Agenais ainsi que le Bas Languedoc firent leur soumission. À Baziège, au sud de Toulouse, une bataille décisive mit aux prises les deux camps. Les croisés y furent taillés en pièces, abandonnant sur le terrain leurs dernières illusions. Raymond le Jeune triomphait, mais sa victoire était loin d'être définitive. Carcassonne et Narbonne restaient aux mains d'Amaury de Montfort, lequel reçut bientôt l'aide tant attendue de la Couronne de France avec l'arrivée en Languedoc du prince Louis.

Quel calcul diplomatique avait suggéré à Philippe Auguste de laisser son fils descendre dans le Midi ? Il n'avait rien à gagner à aider le jeune Montfort à entrer en possession de ses biens, il n'en avait pas davantage à laisser le puissant comté de Toulouse se reconstituer sous l'autorité du jeune Saint-Gilles. Pourtant, Louis arriva à la tête d'une puissante armée en mai 1219 et rejoignit Amaury de Montfort devant Marmande qui préféra se rendre plutôt que de combattre inutilement. La reddition était acquise. Malgré tout, Montfort livra la ville à la soldatesque et laissa se perpétrer un épouvantable massacre dont la *Chanson de la croisade* conserve le récit horrifié : « [...] et alors commencent le massacre et l'effroyable boucherie. Les barons, les dames, les petits enfants, les hommes, les femmes, dépouillés et nus, sont passés au fil de l'épée. Les chairs, le sang, les cervelles, les troncs, les membres, les corps ouverts et pourfendus, les foies, les cœurs, mis en morceaux, brisés, gisent par les places comme s'il en avait plu. Du sang répandu, la terre, le sol, la rive, sont rougis. Il ne reste homme ni femme jeune ou vieux : aucune créature n'échappe à moins de s'être tenue cachée. La ville est détruite, le feu l'embrase. »

En réservant à Marmande le sort tragique infligé à Béziers dix ans plus tôt, Amaury de Montfort crut-il pouvoir effrayer les cités voisines ? Il n'en fut rien, bien au contraire, et les Occitans n'en furent que plus encouragés à résister aux barons étrangers. Ceux-ci, avec le prince Louis à leur tête, marchaient maintenant sur Toulouse qui s'apprêtait à soutenir un troisième siège. La grande ville méridionale était décidément trop puissante et le siège commencé en juin 1219 s'interrompit dès le 1er août sans que Louis de France n'ait pu obtenir le moindre succès. Sa quarantaine s'achevait et Louis jugea plus prudent d'abandonner la partie, préférant le déshonneur d'une retraite à la crainte d'une défaite plus déshonorante encore à l'issue d'un trop long siège qui promettait d'être aussi vain que meurtrier.

Raymond VII en profita pour s'emparer de Lavaur et de Puylaurens dans les premiers mois de 1220, avant de mettre le siège devant Castelnaudary qu'il investit rapidement. Mais il se trouva à son tour assiégé par les croisés qui ne purent s'emparer de la place malgré leur obstination. Le siège ne fut levé qu'en juin 1221 et tandis qu'Amaury s'enfermait dans Carcassonne, Raymond VII poursuivait sa reconquête, reprenant Montréal, Limoux, Fanjeaux, Prouille… En Provence, Avignon qui fit acte d'allégeance, puis Gaillac et Agen se rangèrent à nouveau sous la bannière des Saint-Gilles. Une autre reconquête avait lieu dans le même temps, celle des âmes. Car les

Parfaits cathares, à la suite de l'armée occitane, réoccupaient chacun des bourgs dont ils avaient été chassés auparavant. Dix années de traque et de supplices n'avaient en rien brisé l'hérésie et sur ce point, la croisade avait complètement manqué son but. Sans doute même les souffrances infligées aux populations avaient-elles grossi les rangs des « bons hommes » qui sortaient de la clandestinité à laquelle ils avaient été contraints.

Amaury demeura enfermé dans Carcassonne, ruminant son amertume d'avoir hérité d'un fief réduit en si peu de temps à peau de chagrin. Incapable de le reprendre par les armes, il dut se résoudre à l'offrir au roi de France dans l'espoir que celui-ci enfin interviendrait. Or, dans le même temps, Raymond VII agit de même en tentant lui aussi de se concilier le roi, le priant de reconnaître ses droits sur le comté de Toulouse dont il s'estimait avoir été injustement spolié par l'Église. Avant que la réponse de Philippe Auguste ne fût connue, le vieux comte Raymond VI mourut en août 1222. Le perpétuel frondeur, toujours sous le coup de l'excommunication, n'eut pas le droit aux derniers sacrements de l'Église. Sa dépouille fut privée de sépulture, dernier outrage réservé à un prince qui avait tant malmené les prélats de l'Église et si peu fait pour freiner l'expansion de l'hérésie sur ses terres. Au moins mourut-il avec la satisfaction de voir son fils redonner son lustre à la maison des Saint-Gilles, et juste à temps pour ne pas la voir sombrer définitivement.

La situation d'Amaury de Montfort devint vite périlleuse. Les défections se multipliaient et les renforts manquaient cruellement tandis que les finances s'épuisaient. Tous les seigneurs occitans désormais faisaient front commun et le siège fut mis devant Carcassonne. Le 14 janvier 1224, Amaury de Montfort capitula ; l'héritier de Trencavel reprit possession de Carcassonne et de Béziers. L'Occitanie recouvrait son indépendance après quinze années d'une lutte âpre et sanglante. Une croisade s'achevait, mais une autre se préparait déjà.

CHAPITRE IV

La croisade du roi

Peu après Raymond VI de Toulouse, Philippe Auguste, le vainqueur de Bouvines, mourut à Mantes. Il léguait à Louis VIII un royaume capétien qui n'avait jamais été aussi puissant. Le nouveau roi de France était intervenu récemment dans le Midi, il avait pu juger de l'extrême complexité de la situation et il lui appartenait de trouver une issue favorable à chacune des parties. Saint-Gilles, Foix et Trencavel avaient recouvré leurs domaines, mais pas leurs droits. Montfort était légitimé par le droit canon, mais ne régnait plus sur rien ou presque. Le pape Honorius cherchait lui aussi à résoudre l'inextricable problème qu'avait engendré la croisade engagée par son prédécesseur, mais il ne perdait pas de vue que celle-ci ne serait vraiment achevée que lorsque l'hérésie aurait disparu. Or, on en était loin et rien n'assurait au pape que ni le nouveau comte de Trencavel ni Raymond le Jeune ne se montreraient plus assidus que leurs parents à lutter efficacement contre les hérétiques. Les négociations diplomatiques qui eurent lieu tout le long de l'année 1225 n'aboutirent à rien, chacun campant sur ses positions. Louis VIII sentit que le moment était pour lui venu de se croiser. Son sentiment religieux, bien réel, l'y incitait. Mais les raisons politiques étaient évidentes : l'occasion se présentait à lui de s'emparer des fiefs du comte de Toulouse et de rattacher définitivement le Languedoc à la France.

À la conquête du Languedoc

En janvier 1226, Louis VIII prit la croix et son armée arriva à Lyon à la fin du mois de mai. Les villes du Midi, épuisées par les années de violence qu'elles avaient endurées, renoncèrent à toutes velléités de résistance. Béziers, Nîmes, Castres, Carcassonne, Narbonne et Albi se soumirent au roi de France sans combattre. Avignon, toutefois, refusa le passage aux croisés, pensant à tort qu'étant terre d'Empire, elle serait épargnée par le roi de France. Mais Louis VIII avait reçu l'assurance que l'empereur Frédéric ne réagirait pas puisqu'il s'agissait de chasser de la ville les hérétiques. Le siège fut mis dans la première semaine de juin pour durer jusqu'au mois de septembre, quand les habitants à bout de forces remirent les clefs de la cité au roi. La résistance avignonnaise avait retardé l'arrivée des croisés dans le Languedoc et Louis VIII jugea plus prudent d'attendre la fin de l'hiver pour reprendre les combats. Il choisit alors de rentrer à Paris mais, malade, il mourut en chemin le 8 novembre.

Le nouveau roi Louis IX était encore trop jeune pour régner ; la régence du royaume fut alors confiée à sa mère, Blanche de Castille, qui confirma la nomination d'Humbert de Beaujeu à la tête de l'ost royale. Celui-ci s'illustra durant l'été 1227 en s'emparant de Labécède dont la population fut massacrée. De nombreux cathares qui s'y étaient réfugiés furent une fois encore livrés aux flammes du bûcher. Le sort réservé à Labécède prouvait toute la détermination des croisés, mais la mort de Louis VIII eut pour conséquence d'encourager à la résistance les villes qui avaient fait allégeance au roi et qui, dès lors, ne se sentirent plus liées par leur serment. La guerre reprit donc de plus belle, avec son cortège de massacres et de dévastations, chaque camp s'efforçant de rallier à lui le plus grand nombre de villes et de bourgs. Limoux et Cabaret résistèrent longuement aux Français et Puylaurens revint une nouvelle fois dans le giron de Raymond VII de Toulouse, ce qui augurait de voir la croisade durer encore de longues années. Humbert de Beaujeu se garda bien de s'en prendre à Toulouse et préféra l'isoler par une tactique de la terre brûlée, ravageant les campagnes alentours, épuisant plus encore la région dont l'économie jadis florissante menaçait de tomber en ruine. Les domaines viticoles furent particulièrement concernés et on entreprit l'arrachage systématique des vignes. Convaincu que la croisade ne s'interrompait pas sans une complète reddition, Raymond VII choisit alors de négocier.

À Meaux, en janvier 1229, s'ouvrit la conférence qui devait trouver une issue à l'affaire languedocienne. Il fut convenu que Raymond VII se soumettrait à la Couronne de France en vassal obéissant – ce qui lui valait reconnaissance de ses droits – et n'obtiendrait la levée de son excommunication que s'il s'engageait à lutter sans relâche contre l'hérésie. Ces conditions étaient honorables pour Raymond VII, qui sauvait ainsi sa couronne. Il fallait maintenant entériner les dispositions de Meaux ; elles ne le furent qu'en avril suivant par le traité de Paris. Or, entre-temps, l'Église et la Couronne de France avaient durci leur position et exigèrent cette fois la totale soumission du comte de Toulouse. Sur le plan religieux d'abord, Raymond VII dut renouveler ses promesses de combattre sans faiblir « le monstre hideux de l'hérésie » – c'est le moins qu'on attendait de lui. Mais, comme sur ce sujet, les bonnes intentions affichées de la maison de Saint-Gilles n'avaient jamais été suivies d'effets, il fut décidé d'autorité la création d'une université à Toulouse, aux frais de Raymond VII, dont la principale mission serait de veiller à l'intransigeante rectitude du dogme et de la doctrine pour faire pièce à l'insidieuse pastorale des Parfaits cathares. Il fut également exigé de Raymond VII qu'il prît à son tour la croix pour s'en aller servir en Terre sainte durant cinq années afin d'y expier ses péchés.

Les clauses territoriales du traité de Paris furent les plus sévères. S'il conservait son titre de comte de Toulouse, Raymond VII vit ses domaines considérablement amputés. Au comté de Melgueil, que l'Église lui avait déjà confisqué, s'ajouta le marquisat de Provence, achevant la longue présence des Saint-Gilles dans cette région. Nîmes et Beaucaire lui furent retirées et annexées à la Couronne de France pour former une sénéchaussée royale. Le comté de Toulouse lui était conservé, moins la terre déjà attribuée par Simon de Montfort à Guy de Lévis, à savoir les pays d'Olmes et de Mirepoix. Son voisin et allié Trencavel, lui, ne conservait rien, ses vicomtés de Béziers et de Carcassonne devenant elles aussi sénéchaussée royale. Le comté de Toulouse se voyait donc flanqué de deux sénéchaussées, mais pour assurer le retour de la paix, on exigea plus encore de Raymond VII qui dut proprement démilitariser ses domaines. Les fortifications de Toulouse seront démantelées, sauf le

Château-Narbonnais qui abritera une garnison française. De nombreuses autres villes comme Labécède, Castelsarrasin, Moissac, Montauban, Agen, Condom, Saverdun, Laurac ou encore Castelnaudary devront elles aussi abattre leurs remparts, et des garnisons françaises seront maintenues à Lavaur, à Cordes, à Penne et en bien d'autres endroits. Le tout aux frais du comté, qui voyait ses finances engagées pour plusieurs années dans l'entretien d'une véritable armée d'occupation.

Ne restait donc à Raymond VII que la partie occidentale de ses anciens domaines – encore ne lui restait-elle que pour peu de temps. Car une clause successorale s'ajoutait à tout ce qui lui était demandé. La fille unique du comte de Toulouse, Jeanne, épouserait l'un des frères du jeune roi Louis IX. Elle était dans le même temps désignée comme unique héritière du comté, ce qui empêchait juridiquement qu'un fils qui pourrait encore lui naître ne succède à Raymond VII. Ainsi, le comté de Toulouse tomberait immanquablement dans l'escarcelle du Capétien. Toutes ces dispositions furent solennellement entérinées lors d'une grande cérémonie donnée sur le parvis de Notre-Dame, le jeudi saint 12 avril 1229. Comme son père autrefois, Raymond VII dut s'humilier publiquement. Nu pieds, vêtu d'une simple chemise, le comte de Toulouse s'agenouilla devant Louis IX en présence de la Cour et d'un grand nombre d'évêques, implorant le pardon du roi et de l'Église pour ses péchés : « Sachant tous que la guerre ayant longtemps sévi entre la sainte Église Romaine et notre très cher seigneur Louis, illustre roi de France, d'une part, et nous d'autre part, nous aspirons cependant à rester dans l'unité de la sainte Église Romaine et dans la fidélité et le service du seigneur roi de France. Aussi avons-nous donné nos soins à la paix… Et, par la médiation de la grâce divine, cette paix est ainsi rétablie. Nous promettons au seigneur Romain, cardinal diacre de Saint-Ange, légat du Siège apostolique, que nous serons plein de zèle pour l'Église et pour notre seigneur Louis, roi de France et ses héritiers, que nous combattrons toujours et de toutes nos forces les hérétiques dans les terres que nous tenons, que nous purgerons le pays des hérétiques et de la souillure hérétique. » Puis le comte de Toulouse reçut l'absolution. La croisade des Albigeois s'achevait.

La Sainte Inquisition

Vingt années de guerre sainte n'avaient pourtant pas résolu le problème. L'hérésie qui avait justifié que le glaive séculier s'abattît sur le Midi n'avait pas disparu. Au contraire, celle-ci a pu sembler aux historiens plus vivante que jamais, confortée dans sa foi par les atrocités subies. Les bûchers ne l'avaient pas réduite en cendres et elle était désormais d'autant plus difficile à combattre qu'elle était entrée dans la clandestinité. Elle se réveilla même soudainement au-delà du Languedoc, sous d'autres formes, et une véritable flambée de l'hérésie parcourut les rives du Rhin mais également la Champagne et les Flandres. Comme autrefois dans ces régions, la répression fut immédiate et d'une brutalité inouïe. Dans la vallée du Rhin, Conrad de Marbourg s'entoura de moines dominicains et déclencha une vague de terreur sans précédent, allumant quantité de bûchers. En Champagne, ce fut encore un dominicain, Robert le Bougre – lequel tirait son nom de son ancien compagnonnage avec les « bulgares » ou bougres, à savoir les bogomiles – qui fit la démonstration de sa cruauté.

Le seul véritable « avantage » de la croisade était d'avoir placé le Languedoc sous la tutelle du roi de France et brisé la résistance militaire des princes méridionaux. Désormais, l'Église avait le champ libre pour y appliquer sa justice, il ne lui manquait plus qu'à organiser celle-ci en un très efficace instrument propre à éradiquer enfin la dissidence. Or, les vieilles procédures avaient montré leur faiblesse. Dévolue à l'évêque du lieu, la justice de l'Église était d'autant moins efficace qu'elle reposait sur l'action d'un prélat toujours soupçonné d'être trop proche de ses ouailles. La mauvaise volonté affichée par certains évêques, avant que le clergé languedocien ne soit en partie mis au pas, avait convaincu Rome de se doter d'un système judiciaire rigoureux, indépendant des contingences temporelles du lieu où il aurait à intervenir. Le concile de Toulouse qui suivit la signature du traité de Paris s'efforça de préciser les mesures à mettre en œuvre pour chasser les hérétiques. Il s'agissait surtout de contraindre Raymond VII à tenir ses engagements sur cette question cruciale. Toutes les populations, et bien sûr les autorités municipales, furent priées d'apporter leur concours actif dans la recherche des hérétiques et encouragées à la délation. Mais une fois encore, il s'agissait de remettre les coupables ou soupçonnés de l'être à la justice épiscopale. Il y eut des arrestations, il y eut également beaucoup d'évasions… Car, dans leur ensemble, les populations rechignaient à dénoncer des proches et ceux qui étaient arrêtés pouvaient compter sur l'aide de beaucoup, si bien que les plus inquiétés par le climat délétère qui s'instaura furent des hommes d'Église jugés trop zélés ; plusieurs maîtres de l'Université de Toulouse jugèrent alors plus prudent de quitter la ville.

Le 20 avril 1233, le pape Grégoire IX prit, par la bulle *Ille humani generis*, une décision capitale en confiant aux frères prêcheurs, dominicains et franciscains, le soin de traquer l'hérésie. Ceux-ci ne dépendraient dans leur action que de l'autorité papale, sans avoir à en référer à l'ordinaire du lieu. Ce faisant, la justice ecclésiastique s'affranchissait de toutes les compromissions possibles là où elle aurait à s'exercer. L'ordre fondé par Dominique – disparu en 1221 – avait connu en quelques années un formidable essor. Il avait en outre fait la preuve de son zèle apostolique et de l'efficacité de ses prédications. Mais cette fois, la bonne parole qui sera portée aux populations le sera avec une autorité qui ne souffrira aucune contestation. Au nord, l'un des premiers dominicains à faire montre d'une redoutable efficacité fut Robert le Bougre, nommé aussitôt inquisiteur général de France. En 1239, au Mont-Aimé, en Champagne, il fera allumer un immense bûcher où seront précipités 185 hérétiques. Sa brutalité excessive, sinon pathologique, lui valut le surnom de « marteau des hérétiques » (« *malleus haereticorum* »), et ses deux acolytes moururent assassinés, au grand soulagement des populations.

Les débuts de l'Inquisition dans le Languedoc ne furent pas chose facile. Les évêques n'admirent pas l'irruption de ces juges sur lesquels ils n'avaient aucune autorité. Leurs méthodes les rendirent aussitôt impopulaires, à tel point que, dès 1235, à Toulouse, à l'instigation des consuls, les habitants chassèrent de la ville tous les dominicains qui s'y trouvaient. Forts de leur toute-puissance, les « juges délégués par l'autorité du Saint-Siège à l'Inquisition de la perversion hérétique » avaient commencé leur mission par de très maladroits procédés : les hérétiques étant excommuniés, ils se trouvaient de fait interdits de sépulture chrétienne et les inquisiteurs s'empressèrent de juger « post mortem » des cadavres qu'ils firent inhumer pour pouvoir mieux les brûler, non sans susciter la fureur de la population.

La haine qui s'attachera aux juges de l'Inquisition ne s'atténuera jamais, mais elle devra très vite céder la place à la peur, voire à la terreur. L'Inquisition est une justice au nom de Dieu, une justice de droit divin qui a plein pouvoir pour juger les vivants – et aussi les morts ! Les inquisiteurs ont un rôle pénitentiel, ils peuvent entendre en confession les hommes et les femmes, mais aussi les garçons de plus de quatorze ans et les filles de plus de douze ans. Cette confession leur permet non seulement d'absoudre les pécheurs, mais également de s'informer le plus minutieusement des « états d'âme » des populations. Tout ce qu'ils entendent servira à l'enquête qu'ils sont chargés d'instruire. Car l'inquisiteur est un enquêteur, telle est l'étymologie du mot. Et il est seul maître de la conduite de cette enquête qu'il déclenche lui-même. Il n'est plus nécessaire d'attendre une dénonciation, plus besoin non plus d'un accusateur, le doute de l'inquisiteur suffit pour déclencher une procédure. Confesseur et enquêteur, il est aussi procureur et juge. Un procureur implacable, puisque l'hérésie est considérée comme un crime de lèse-majesté divine. Pour la punir, on peut alors faire l'économie de la défense et du débat contradictoire, seul compte l'aveu d'un crime si odieux. La dénonciation et la délation, le secret, l'emprisonnement préventif, voire plus tard la torture, sont autorisés sans que quiconque puisse s'y opposer. Le moindre interrogatoire, la moindre déposition seront scrupuleusement enregistrés. On vit alors se mettre en place une formidable machine administrative à laquelle nul n'échappait, prémices médiévales des totalitarismes. La traque patiente et méthodique se menait de village en village où chacun était entendu, le témoignage risquant toujours de se retourner en accusation. Dès 1245, les inquisiteurs Jean de Saint-Pierre et Bernard de Caux « s'intéressèrent » à une centaine de paroisses du Lauragais, procédant à pas moins de 5 500 interrogatoires ! Partout, les inquisiteurs sondaient les âmes, laissant derrière eux une pesante atmosphère de suspicion. Et s'il le faut, c'est le village entier qui tombe aux mains de ce terrible tribunal, comme ce fut le cas pour Montaillou en 1308.

L'enquête, l'*inquisitio*, était le plus souvent déclenchée à partir d'une dénonciation. Pour cela, on paya des cathares « convertis » afin d'en faire des indicateurs très sûrs. Dans les villages, l'inquisiteur rassemblait la population qui devait entendre un « sermon général » au cours duquel la « bonne foi » était rappelée à tous ; puis on en venait à la condamnation de l'hérésie et à l'exposé des peines encourues non seulement par les hérétiques mais aussi par tous ceux qui n'aideraient pas l'Inquisition. Un « temps de grâce » était ensuite accordé, moment propice à la réflexion, et bienveillante incitation à la délation… Une liste de suspects était bientôt établie, suspects qui étaient aussitôt interrogés sur place et, pour certains, conduits au tribunal de l'Inquisition à Toulouse ou à Carcassonne. L'interrogatoire commençait par un serment ; suivait ensuite une confession qui devait être totale, le moindre oubli vous exposant à être parjure à l'occasion d'un nouvel interrogatoire.

Ces interrogatoires n'avaient qu'un seul but : amener le suspect à faire des aveux. Tous les moyens pouvaient être utilisés pour y parvenir, comme « la ruse et la sagacité » s'il le fallait. Il s'agissait également de recueillir le plus d'informations sur les hérétiques. Un paysan confessait-il avoir croisé un jour des Bons hommes, que la date, le lieu, les circonstances de la rencontre étaient méticuleusement enregistrés. Le suspect était enfin invité à abjurer et à prêter serment de nouveau devant l'Église. S'il devait un jour comparaître encore pour suspicion d'hérésie, il était alors considéré comme relaps et immédiatement brûlé.

La rigueur de la procédure n'avait d'égale que la sévérité des peines et des châtiments. Le bûcher bien sûr pour les hérétiques convaincus et pour les autres, le tristement célèbre « Mur », à savoir l'enfermement, le plus souvent perpétuel. La peine du « Mur étroit », la plus dure, voyait le condamné enfermé à vie dans un cachot sombre, nourri exclusivement de pain et d'eau, « le pain de la douleur et l'eau de tribulation ». Les conditions de détention étaient si effroyables qu'elles indignèrent les autorités civiles, comme les consuls de Carcassonne qui les dénoncèrent ouvertement : « [...] Vous avez fait une prison qu'on appelle le Mur, et qu'il vaudrait mieux appeler l'enfer. Vous y avez construit de petites pièces pour torturer et maltraiter les gens de diverses sortes de tortures. Il en est qui sont si obscures et sans air que ceux qui y sont ne peuvent discerner si c'est la nuit ou le jour. […] Certains sont mis au chevalet ; beaucoup d'entre eux perdent l'usage de leurs membres par la dureté de la torture et sont rendus impotents. La vie leur est un supplice et la mort un soulagement. Sous cette contrainte, ils affirment vrai ce qui est faux, préférant mourir une fois que d'être ainsi torturés plusieurs fois. »

Il y eut aussi des châtiments moins sévères, le plus souvent de simples amendes, des peines de simple prison, moins dure que le Mur, pour quelques mois… ou quelques années. Ces peines s'accompagnaient souvent d'une obligation de faire un pèlerinage – « pèlerinages mineurs » à Notre-Dame de Rocamadour, Sainte-Foy de Conques ou Saint-Denis, « pèlerinages majeurs » à Saint-Jacques-de-Compostelle, Rome, Cologne ou Cantorbery. Il fut d'usage pendant quelques années d'exiger de certains un pèlerinage en Terre Sainte pour aller y combattre les Infidèles, mais on cessa de le faire quand on s'aperçut que la sentence menaçait de peupler les États chrétiens d'Orient d'une foule toujours plus nombreuse d'hérétiques…

Mais ce qui fut sans doute le pire et le plus insidieux dans cette panoplie de sentences, ce sont les multiples peines infamantes qui frappaient toutes celles et ceux, parents et proches, qui avaient connaissance de la foi coupable de l'un des leurs. Les maisons de ceux qui avaient accueilli des hérétiques étaient confisquées ou détruites. Beaucoup furent contraints de porter perpétuellement une marque distinctive, une croix jaune, qui les désignait à la vindicte. Ces multiples humiliations et le recours permanent à la délation eurent pour effet de profondément bouleverser l'ordre social établi dans les villages, d'en détruire pernicieusement les structures et de mettre à mal les réseaux de solidarité. L'effritement de ceux-ci rendit plus délicat encore l'existence clandestine des Parfaits.

Montségur, l'ultime refuge

Les cathares avaient péri par centaines et pourtant, l'Église des « bons hommes » poursuivait son apostolat. Désormais, les places fortes et les retraites sûres manquaient et les Parfaits durent se résoudre à une vie d'errance périlleuse. Pourtant, dès 1232, la citadelle de Montségur avait été réorganisée sous la conduite de Pierre Roger de Mirepoix, coseigneur des lieux, qui en fit un bastion ; les cathares en firent leur ultime refuge, le

« siège et la tête » de leur église, *« domicilium et caput »*. Le plus haut dignitaire cathare, l'évêque Guilhabert de Castres, y avait rassemblé autour de lui son « fils majeur » Bernard de Lamothe, et son « fils mineur » Jean Cambiaire, l'évêque cathare de l'Agenais et celui du Razès, Raymond Aghuler et plusieurs diacres dont Raymond de Montouty, Guillaume Déjean et Bernard Bonnafous. Parmi eux également, Bertrand Marty, qui succédera à Guilhabert de Castres, et un grand nombre de Parfaits, de croyants, de chevaliers faydits. Il y avait également des « bonnes dames », qui avaient à leur tête Rixende du Theil. Depuis Montségur, jamais les Parfaits ne cesseront d'arpenter les terres occitanes pour y prêcher inlassablement. Malgré les persécutions et le risque constant d'une dénonciation, des communautés continuaient de vivre, à Fanjeaux particulièrement. Le zèle des Inquisiteurs contribua à grossir le flot des croyants qui vinrent se réfugier à Montségur et, en 1242, ils étaient environ 400, cathares, soldats et serviteurs compris, à vivre dans la citadelle.

En cette année 1242, Raymond VII de Toulouse qui n'avait jamais désarmé et freinait des quatre fers pour ne pas appliquer les dispositions du traité de Paris – il n'était d'ailleurs jamais parti pour la Terre Sainte – ourdissait avec le roi d'Angleterre Henri III un complot qui visait à soulever le Languedoc. Plusieurs seigneurs, et non des moindres, comme les comtes de Foix et de la Marche, ceux d'Armagnac et de Comminges, s'étaient associés à la coalition. Le plan prévoyait une attaque des sénéchaussées royales en même temps qu'Henri III débarquerait à Royan. Mais il fallait d'abord qu'un événement donnât le signal de la révolte et c'est un proche de Raymond VII, Raymond d'Alfaro, qui se chargea de l'organiser. Le 26 mai 1242, quelques jours seulement après qu'un contingent anglais eut débarqué à Royan, un émissaire de Raymond d'Alfaro arrivait à Montségur pour avertir Pierre-Roger de Mirepoix qu'une opération, minutieusement préparée avec force complicité dans la population, pouvait avoir lieu. Il ne s'agissait rien de moins que d'assassiner deux inquisiteurs.

Étienne de Saint-Thibéry et Guillaume Arnaud étaient en tournée de prédication dans la région. Depuis dix ans, les deux frères dominicains s'étaient illustrés dans leur charge avec un zèle implacable ; derrière eux s'étaient allumés des dizaines de bûchers. Les condamnations par contumaces ne manquaient pas non plus, notamment celles de Guillaume de Balaguier, de Bernard de

Saint-Martin et de Guillaume de Lahille, tous les trois réfugiés à Montségur. Et tous les trois firent partie de l'expédition qui quitta Montségur le 27 mai 1242. Après être passés par Labécède, Castelnaudary, Laurac puis Fanjeaux, les deux inquisiteurs se trouvaient au château d'Avignonet. La troupe qui avait quitté Montségur était forte d'une cinquantaine d'hommes, chevaliers et gens d'armes, mais seule une douzaine d'entre eux pénétra à Avignonet le soir du 28 mai. Les portes de la ville furent facilement ouvertes grâce aux complicités acquises, tout comme celles du château. Seul obstacle, la porte du donjon, qui fut forcée avant que la troupe ne se rue sur les dominicains endormis. Non seulement les deux inquisiteurs furent proprement occis, mais neuf de leurs compagnons de route subirent le même sort. Pour faire bonne mesure, les corps furent entièrement dépouillés et le donjon livré à un saccage en règle. On prit surtout grand soin de détruire jusqu'à la dernière feuille les registres des deux inquisiteurs, tant ce qu'ils contenaient pouvait mettre en péril la vie de nombreuses gens.

L'écho du massacre d'Avignonet fut retentissant. Tandis que l'Église fulminait de rage, le Lauragais laissait, lui, échapper des cris de liesse. Mais la stratégie de Raymond VII échoua et ses ambitions de soulever le Languedoc furent bientôt anéanties. À l'annonce du débarquement de Royan, le roi de France s'était aussitôt porté au-devant des troupes d'Henri III d'Angleterre. À Taillebourg, le 21 juillet 1242, Louis IX infligea une cuisante défaite aux Anglais. Puis il réaffirma son autorité sur les sénéchaussées. L'ultime fronde de Raymond VII s'acheva dans une nouvelle humiliation : en janvier 1243, il fut contraint de signer la paix de Lorris par laquelle il renonçait à ses droits sur Albi et Narbonne. Il renouvela également la promesse déjà faite maintes fois de lutter sans répit contre l'hérésie. Le roi bien sûr ne se fit aucune illusion. Aussi chargea-t-il son sénéchal de Carcassonne, Hugues des Arcis, avec l'archevêque de Narbonne, de s'emparer de Montségur.

Juchée au sommet de son pog, la forteresse semblait inexpugnable, mais l'enjeu était de taille. Prendre Montségur, c'était abattre la dernière résistance de ces seigneurs faydits. Mais c'était surtout décapiter l'Église cathare, dont les plus éminents représentants y avaient trouvé refuge. Le siège commença en mai 1243. La faiblesse de la garnison et la médiocrité de son armement étaient compensées par la situation de la citadelle, en un lieu pratiquement inaccessible qui empêchait de la prendre d'assaut. La vigilance constante des assiégés empêchait qu'on la prît par la ruse. Ce n'est qu'en décembre qu'une troupe parvint à s'emparer du Roc de la Tour, un promontoire qui servait de poste de guet. Une fois maître de l'endroit, Hugues des Arcis y fit installer une catapulte – ce qui constituait un véritable tour de force sur un tel site.

En janvier, les défenseurs purent eux aussi mettre en œuvre une catapulte car un nommé Bertrand de la Vacalerie avait rejoint Montségur, encore accessible par des chemins sinueux à travers les lignes adverses. L'homme était *machinator*, ingénieur en armement, et fabriqua une catapulte qui répondit coup pour coup. Mais à la fin du mois de février, la garnison de Montségur s'était sérieusement réduite, et le 2 mars, Pierre-Roger de Mirepoix dut se résoudre à parlementer. Une trêve de quinze jours fut accordée aux assiégés, à l'issue de laquelle le château serait remis au sénéchal. Les occupants de Montségur auraient la vie sauve et ils seraient interrogés par les inquisiteurs. En revanche, tous les Parfaits cathares seraient livrés à l'Inquisition et celles et ceux d'entre eux qui refuseraient d'abjurer seraient jetés aux flammes. Le 16 mars, la trêve s'acheva : 224 bons hommes et bonnes femmes disparaissaient dans le brasier du *prat dels cremats*, le « champ des brûlés ».

Les derniers cathares

Pour l'Église cathare du Languedoc, le coup porté à Montségur avait été rude, pour ne pas dire fatal. Les plus éminents représentants de son clergé avaient péri, ceux qui avaient échappé à la traque inquisitoriale se cachaient. Un certain nombre de Parfaits s'était retirés sur les versants espagnols des Pyrénées ; plus encore avaient trouvé refuge en Lombardie où l'Église cathare, solidement implantée et structurée, continuait son apostolat à l'abri des persécutions. Difficile de connaître avec précision quelle fut la présence réelle des Parfaits en Languedoc après Montségur. Il en demeura, c'est certain, et ils poursuivirent avec courage et ténacité leurs prédications car ces « bons chrétiens », persuadés d'être les continuateurs du travail des apôtres, ne pouvaient imaginer un instant que leur mission s'interrompît.

Pour les traquer, l'Inquisition se renforça, multiplia les interrogatoires et les confessions, jetant sur les populations un filet aux mailles toujours plus serrées. En 1252, la bulle *Ad extirpanda* du pape Innocent IV autorisa les inquisiteurs à pratiquer la torture, officialisant des procédés qui avaient déjà cours, encourageant par la terreur les accusations et les délations. En 1255, la citadelle de Quéribus, ultime bastion de résistance à la Couronne de France, tomba à son tour, achevant de disperser les rares Parfaits encore présents dans la région, les plongeant plus profondément dans la clandestinité. Les registres de l'Inquisition, toujours scrupuleusement et minutieusement tenus, ont permis aux historiens de suivre les pérégrinations de ces derniers apôtres hérétiques, jusqu'à ce qu'ils soient réduits au silence jusqu'au dernier. Durant plus d'un demi-siècle, le tribunal de l'Inquisition travaillera avec une farouche obstination, résolu à littéralement éradiquer la dissidence religieuse. Et celle-ci, avec l'énergie du désespoir, ne s'avoua vaincue que dans les flammes du dernier bûcher.

L'ultime Parfait fut un nommé Pierre Authié, un notaire originaire d'Ax-les-Thermes, issu d'une famille acquise depuis des générations au catharisme. Vers 1297, cet homme, bien décidé à faire son salut auprès d'un bon chrétien, prit le chemin de Lombardie avec son frère Guillaume pour entrer en contact avec les cathares qui s'y trouvaient exilés. Pierre et Guillaume Authié demeu-rèrent en Italie trois ans, durant lesquels ils approfondi-rent leur connaissance de la foi cathare, de sa doctrine, et furent bientôt « ordonnés » Parfaits. En 1300, ils étaient de retour dans le pays de Foix avec trois compagnons, Parfaits eux aussi : Amiel de Perles, Pierre-Raymond de Saint-Papoul et Prades Tavernier. Les cinq bons hommes entreprirent aussitôt de repartir à la conquête de la région pour raviver la foi de leurs compatriotes. Le succès fut apparemment considérable et de nombreux croyants, trop heureux de voir revenir vers eux les « bons chré-tiens », leur apportèrent leur concours dans cette pré-dication dangereuse. Car l'Inquisition eut vent très tôt de ce zèle apostolique déployé par Pierre Authié et ses coreligionnaires. En 1305, l'inquisiteur Geoffroy d'Ablis mit la main sur Prades Tavernier et Jacques Authié, le fils de Pierre, qui parviendront cependant à s'enfuir. Une véritable « rafle » eut lieu au village de Verdun-Lauragais où l'on savait pertinemment que certains des hérétiques avaient séjourné.

Un nouvel inquisiteur arriva à Toulouse en janvier 1307, Bernard Gui, qui allait s'associer à Geoffroy d'Ablis pour organiser une traque minutieuse. Jacques Authié fut repris et tenu sous très haute surveillance au « mur » de Carcassonne. Amiel de Perles fut dénoncé alors qu'il se cachait non loin de Verdun ; puis, en août 1308, ce fut le tour de Pierre Authié, enfermé à Toulouse. Bientôt, c'est tout le village de Montaillou qui fut arrêté et interrogé. La terreur que l'Inquisition faisait peser sur les populations devait susciter tant de délations que tous ou presque furent pris ; les autres quittèrent le Languedoc pour se réfugier en Catalogne. Le 9 avril 1310, Pierre Authié fut brûlé vif à Toulouse, son fils Jacques le fut peu après à Carcassonne, avec son oncle Guillaume Authié qui avait été pris à son tour, et un troisième hérétique, Arnaud Marty. La traque de l'Inquisition se poursuivit jusqu'à l'arrestation et la condamnation du dernier compagnon de Pierre Authié encore en fuite, Philippe d'Alayrac. En 1321, Guillaume Bélibaste, qui avait connu Pierre Authié, tomba aux mains de l'Inquisition après avoir été trahi. On ne sait pas avec certitude si Bélibaste fut un Parfait ; en revanche, il est sûr qu'il était un « croyant » convaincu. Devant l'inquisiteur Jacques Fournier, il refusera d'abjurer. Il persistera devant l'archevêque de Narbonne et périra à la fin de cette année 1321 sur le bûcher dressé à Villerouge-Termenès. Cette fois, l'Église toute puissante était certaine d'avoir terrassé « l'hydre monstrueuse » de l'hérésie.

Une légende très tardive attribue à ce même Guillaume Bélibaste, le « dernier cathare », une prophétie fameuse en Occitanie : *« Al cap dels set cents ans, verdejera lo laurel »* (« Au cap des sept cents ans, le laurier reverdira »). Le laurier du catharisme n'a jamais reverdi, sauf dans l'esprit de certains, et les bons hommes et bonnes femmes du Languedoc ont disparu de l'histoire. Ce qui a reverdi, c'est la connaissance, encore très lacunaire, que l'on a d'eux, de leur foi et de leur doctrine, de leurs mythes, de leur existence quotidienne. Une chose est sûre toutefois : celles et ceux qui furent ainsi persécutés par l'Église catholique étaient profondément chrétiens eux aussi, trop peut-être…

DEUXIÈME PARTIE

CE MONDE DONT SATAN EST LE PRINCE

CHAPITRE V

Mythologie

Exposer les principes et les préceptes de la religion cathare, c'est avant tout déplorer une absence majeure : celle des textes. Depuis les bogomiles des Balkans jusqu'aux cathares du Languedoc, trois siècles au moins ont passé durant lesquels la dissidence religieuse a pu se développer, affirmer les canons de sa foi et se répandre chez les « croyants », à l'aide non seulement de la prédication des Parfaits, mais aussi avec tout un corpus de textes didactiques, de « catéchismes » et de rituels. Or, tout ou presque de ces sources écrites a aujourd'hui disparu et l'historien doit se résoudre à reconstituer un puzzle immense dont il n'a pas le modèle, avec seulement quelques rares pièces éparses et incomplètes.

L'Inquisition, bien sûr, s'est empressée de détruire les preuves de l'hérésie afin d'empêcher qu'elle ne ressurgisse. L'Église connaît trop bien la force des écritures… et les bûchers qui se sont allumés dans l'Occident du XIIIe siècle furent aussi des autodafés. C'est paradoxalement des tribunaux de l'Inquisition que nous sont parvenus certains témoignages, sans doute les plus précieux, qui nous permettent aujourd'hui de comprendre en partie comment vivaient les cathares et quels devaient être les principes et les préceptes qui soutenaient leur foi. Encore faut-il les lire avec beaucoup de prudence et d'attention car les registres de l'Inquisition, malgré le formalisme « administratif » qui leur confère une apparence de neutralité, restent des documents rédigés par la « partie adverse » afin de mieux confondre les hérétiques et réfuter la fausse doctrine.

Faute de documents qui auraient permis de commencer tôt l'étude de la religion cathare, il a été loisible à qui le souhaitait d'échafauder toutes sortes d'interprétations, d'exposer à sa guise une doctrine qui n'était plus soutenue par aucun texte fondateur et donc de proposer du catharisme une vision forcément insatisfaisante. Et pire encore, une vision partisane, car c'est l'Église elle-même qui, dans les siècles qui ont suivi, s'est attachée à construire l'histoire des « Albigeois », en prenant bien soin de présenter la dissidence religieuse qu'elle avait si farouchement combattue sous son plus mauvais jour. Il faut donc à l'historien lutter sans cesse contre les idées fausses, les erreurs d'appréciation, les imprécisions – et parfois même, nous en reparlerons plus loin, les élucubrations

les plus navrantes et les fantaisies les plus affligeantes…
Toutefois, le catharisme n'est pas cette « Bible sans page
à laquelle il manquerait une couverture ». Des textes
ont traversé le fil des siècles pour parvenir jusqu'à nous
récemment. Des textes qu'il faut présenter car ils sont
les seuls à contenir encore une petite et précieuse part
de la réalité que fut le catharisme.

Des sources presque taries

La « bibliothèque cathare » est pour le moins modeste :
moins de dix livres, parvenus jusqu'à nous de façon frag-
mentaire, quelques feuillets seulement pour trois siècles
d'une aventure spirituelle. Le premier de ces ouvrages
est un texte chrétien apocryphe (à savoir un texte non
retenu par l'Église pour figurer dans la Bible) daté du
IIe siècle, déjà connu par Origène qui travailla à le réfuter : l'*Ascension d'Isaïe*. Une version latine en avait été
imprimée dès 1522 à Venise, dans le *Livre des révélations
de la grâce divine de la bienheureuse vierge Mechtilde*, d'An-
tonius de Fantis. Il fallut attendre le XIXe siècle pour que
des exemplaires de cet ouvrage que l'on croyait disparu
soient retrouvés à Munich et à Copenhague. Puis, des
fragments de l'*Ascension d'Isaïe* furent découverts à la
Bibliothèque vaticane et surtout, une version complète

fut retrouvée dans des manuscrits éthiopiens conservés au British Museum de Londres pour deux d'entre eux, et à la célèbre « Bod », la *Bodleian Library* d'Oxford, pour le troisième. Toujours au XIXe siècle, une nouvelle version fut exhumée des rayons de la bibliothèque de la cathédrale de l'Assomption, à Moscou, une version rédigée en langue slavone. Enfin, une version grecque, demeurée longtemps enfouie dans la collection de manuscrits anciens d'un lord anglais, vint s'ajouter aux fragments latins, éthiopiens et slaves, si bien qu'on put enfin avoir une connaissance suffisante de ce texte apocryphe dont on sait qu'il fut en usage tant chez les bogomiles des Balkans que chez les cathares italiens ou ceux du Languedoc.

Ce document précieux évoque dans sa première partie le martyre du prophète Isaïe, supplicié par le roi de Judas, Manassé, qui fit scier en deux le malheureux. La seconde partie est consacrée à la vision qu'aurait eue Isaïe, dont l'âme est montée jusqu'à Dieu, au « septième ciel » de l'Empyrée. Il y rencontre Dieu le Très Haut et l'Ange de l'Esprit mais aussi, parmi une profusion d'anges, celui qui leur était supérieur, Jésus le Christ que le Très Haut enverra sur terre. Et Isaïe ensuite d'assister à la descente de l'ange Jésus jusque sur la terre où il prit une apparence humaine. Une apparence seulement, ce qui désigne suffisamment l'*Ascension d'Isaïe* comme une vision fort peu orthodoxe, Jésus ne s'étant pas incarné, n'ayant pris qu'une forme humaine.

Le second ouvrage capital pour appréhender la religion cathare est lui aussi un texte apocryphe, l'*Interrogatio Johannis,* intitulé également *la Cène secrète.* Ce texte ne fut publié pour la première fois qu'à la toute fin du XVIIe siècle dans l'*Histoire des Albigeois et des Vaudois* du révérend père Benoist, lequel reproduisait un manuscrit qui se trouvait sans doute dans les papiers de l'Inquisition de Carcassonne, mais qui a disparu depuis. Cette seule version fut augmentée d'un fragment du même texte découvert à Vienne, puis d'un second conservé à la Bibliothèque nationale de France. C'est à la bibliothèque municipale de Dole que fut découverte une dernière version de la *Cène secrète,* une version du XVe siècle certainement recopiée à partir du manuscrit qui aurait servi à l'édition du R. P. Benoist. Ces différentes versions permirent là encore d'avoir de la *Cène secrète* une connaissance suffisante.

Lors d'un dialogue que l'apôtre Jean aurait eu avec le Christ, celui-ci lui révéla l'origine du mal. La *Cène secrète* se présente comme une nouvelle *Genèse* apparemment semblable à celle du canon biblique, mais elle en donne une version aux conséquences capitales que nous exposerons plus loin. Création du Monde, chute des Anges et prophétie du Salut, la *Cène secrète* engage sur une voie qui dévie fortement de l'orthodoxie. Elle se présente un peu comme une « autre bible », dont l'enseignement allégorique va radicalement distinguer la spiritualité cathare du dogme catholique.

Le troisième livre qu'il faut présenter ne nous est parvenu que très récemment. Il s'agit du *Livre des deux principes (Liber de duobus principis),* que le dominicain Antoine Dondaine, celui-là même qui avait retrouvé une version de la *Cène secrète* à la bibliothèque municipale de Dole, retrouva en 1939 à la bibliothèque de Florence. Le *Livre des deux principes,* que l'on attribue à un théologien cathare du XIIᵉ siècle, Jean de Lugio, se présente comme un manuel de théologie qui, mieux encore que la *Cène secrète,* expose les fondements du dualisme. Il ne s'agit plus cette fois d'un texte apocryphe très ancien, formellement allégorique, mais d'un traité, d'un exposé théologique contemporain des cathares et écrit par l'un d'entre eux. Il permet d'appréhender pleinement la vision que les cathares avaient de la création du monde, qui n'est pas l'œuvre de Dieu mais du Mal. Toujours à Florence, le père Dondaine découvrit également un *Rituel* rédigé en latin, qui fait écho à un autre découvert à Lyon.

Un *Rituel* rédigé en langue occitane vers le milieu du XIIIe siècle avait effectivement été découvert à Lyon au XIXe siècle et longtemps tenu pour un manuscrit d'origine vaudoise, avant qu'on ne s'avise qu'il s'agissait bien d'un texte cathare. Pour la première fois, on découvrait en partie la liturgie des Parfaits, leurs prières, leurs pratiques, à commencer par celle qui était fondamentale chez eux, le baptême par l'esprit, ou *consolament*. On entrait enfin de plain-pied dans la réalité « vécue » du catharisme occitan en s'affranchissant des descriptions qui en avait été donné jusqu'à présent et qui toutes provenaient de ceux qui s'attachaient à dénoncer de fausses pratiques.

L'inlassable travail du révérend père Dondaine devait lui permettre d'exhumer des archives un troisième manuscrit, le *Traité anonyme,* lequel se trouvait contenu dans un ouvrage de réfutation, le *Liber contra Manicheos*, rédigé vers 1230, sans doute par Durand de Huesca. Et c'est pour mieux le réfuter que celui-ci prit la peine de recopier de longs passages de la pensée cathare telle qu'il avait pu l'entendre et la lire, s'appliquant à bien exposer ce qu'il devait combattre. Le *Traité anonyme* – il l'est parce qu'on ne peut mettre de nom sur son auteur – dévoile l'interprétation que faisaient les cathares des Écritures, et particulièrement de l'Évangile de Jean, les citant longuement en les accompagnant d'une glose qui redit la pensée dualiste.

La connaissance que l'on avait des cathares s'améliorait donc, se faisait plus profonde et plus scientifique, quand un ultime document fut mis au jour dans les années 1960. Un *Rituel*, une fois encore, qui avait achevé ses pérégrinations sur les rayons de la bibliothèque du Trinity College de Dublin. L'ouvrage était connu depuis longtemps, mais il avait été catalogué dans les fonds d'une « collection vaudoise » et on le considéra longtemps comme tel avant qu'on pût avec certitude le reconnaître comme véritablement et fondamentalement cathare. Le *Rituel* de Dublin expose de façon plus riche que les autres *Rituels* déjà connus (ceux de Lyon et de Florence) la doctrine cathare. Dans une première partie, un *Traité de l'Église de Dieu* revient sur les notions fondamentales, dualistes, qui fondent le catharisme, en opposant l'Église des « vrais chrétiens » à une « mauvaise église » romaine. La seconde partie du *Rituel* de Dublin consiste en une glose du Pater, éclairée à la lumière des Écritures. Si on ajoute à ces textes un Nouveau Testament écrit en langue occitane découvert avec le *Rituel* de Lyon, nous avons là tout le corpus – moins de dix textes ! – qui permet aux historiens de travailler sur les écrits cathares. Peut-être en existe-t-il d'autres qui dorment dans quelque fonds d'archives, dans quelque collection privée – ce qui n'est pas sans entretenir l'aura de mystère et de fascination qui a toujours enveloppé le catharisme.

Pour être complet, il faut aussi préciser que les historiens doivent hélas renoncer aux ressources de l'archéologie. Dans sa rage persécutrice, l'Inquisition ne détruisit pas seulement les corps et les écrits, elle fit abattre également les demeures qui avaient abrité les hérétiques et les citadelles qui les avaient protégés. En outre, le culte cathare, empreint d'une spiritualité élevée, ne se préoccupait guère de traduire sa foi dans la matérialité. Il faisait peu de cas de la croix et l'Église cathare n'accueillait pas les croyants dans des temples ou des lieux consacrés. Rien chez eux du faste de l'Église catholique, pas d'objet du culte, de reliquaire, d'ostensoir, rien d'autre que l'Esprit. Les « croix cathares » n'existent que dans l'imagination et la poésie, voire les dépliants touristiques… elles n'appartiennent pas à l'histoire.

Le dualisme ou la création des mondes

La religion des cathares, telle qu'elle apparaît déjà chez les bogomiles des Balkans, repose fondamentalement – parce que ce sont des chrétiens – sur la Bible, la vulgate catholique romaine de laquelle ils donnent toutefois une interprétation, une exégèse, différente. Celle-ci, avec les textes apocryphes (et qui donc ne sont pas retenus dans la Bible), leur dévoile moins la vision d'un monde que la vision de deux mondes, fondement de la doctrine dualiste. Le premier de ces mondes, le seul qui vaille, est celui du Dieu bon, réalité toute spirituelle, éthérée dirait la sagesse antique. Or, chacun fait l'expérience de vivre dans un monde où la souffrance et les maux de toutes sortes le désignent suffisamment comme un monde mauvais. Dieu ne peut donc avoir créé un tel monde, ce que semble dire aux cathares l'Évangile de Matthieu : « Tout arbre qui est mauvais porte de mauvais fruits. Un bon arbre ne peut produire de mauvais fruits, ni un mauvais arbre de bons. » Aussi existe-t-il un autre principe : le Mal, seul responsable de la création de ce monde.

Faut-il rappeler ici la « version officielle » de la création de ce monde, celle de la *Genèse* ? « Au commencement Dieu créa le ciel et la terre »... Dieu est donc seul principe créateur, qui travaille plusieurs jours, créant tour à tour le jour et la nuit, le ciel, la terre et les mers, les herbes et les plantes, les « luminaires au firmament », les astres et les étoiles, puis les poissons et les oiseaux, les « bestioles » et les bêtes sauvages. Enfin, Dieu créa l'homme à son image. Le second récit de la *Genèse* présente l'homme et la femme que Dieu lui a donnée dans le jardin d'Éden, et bien sûr la chute de ces deux créatures de Dieu. Une chute précipitée par le péché originel qui ne s'expliquerait, nous expliquent les pères de l'Église, que parce que ces deux créatures du Dieu bon se sont laissées séduire par le Malin qui avait pris la forme d'un serpent. L'action de celui-ci justifie que Dieu reste seul unique créateur d'un monde où le mal fit irruption par la faute de l'Homme. Un Dieu bon ne peut avoir créé un monde mauvais. Cette « théodicée », pour reprendre le terme de Leibniz, les Pères de l'Église l'établissaient assez tôt en surmontant l'apparente contradiction de la façon suivante : Dieu est le seul Dieu, profondément bon, si bon qu'il a créé l'homme à son image et a poussé la bonté jusqu'à lui offrir une totale liberté. C'est en usant mal de cette liberté, de son « libre arbitre », que l'homme a permis au Mal de survenir dans le monde créé par Dieu.

Il faut toutefois pour que cette vision soit irréprochable, c'est-à-dire pour que ne soit pas remis en cause le postulat de la bonté de Dieu, que le serpent/Malin ait lui aussi sa cause, son principe. Or la Bible reste discrète sur ce sujet. Les gloses postérieures forgeront le mythe de la chute des anges, lesquels sont tout juste entrevus dans la *Genèse* sous l'appellation de « fils de Dieu » en opposition aux « fils des hommes ». Les anges ayant trouvé belles les filles des hommes, il s'ensuivit un profond désordre auquel Dieu mit fin par le déluge. Dieu ainsi demeurait bon, seul créateur du monde visible et invisible, tandis que certains de ses anges conduits par l'un d'entre eux, Satan, se fourvoyèrent et chutèrent sur la terre. D'un côté donc, des anges restés fidèles à Dieu, de l'autre des anges déchus, entraînés par le plus méchant d'entre eux, Satan. Toute la théologie chrétienne et l'Angélologie serviront à conforter le principe d'un seul Dieu, d'un seul principe, et attribueront à ces anges déchus l'irruption du Mal dans un monde créé par Dieu. La doctrine dualiste, elle, propose une autre mythologie de la création.

Car nous le savons, quel que soit notre degré d'adhésion à une foi, et l'homme s'interroge sur ce point depuis la nuit des temps, ce récit du Bien et de l'irruption du Mal offre toujours une faille : comment concevoir qu'un Dieu toujours bon ait pu laisser faire le Mal à partir d'une de ses propres créatures, lui qui ne crée que le Bien ? Pour les moins versés en théologie, disons par exemple que c'est « le syndrome de la mort de l'enfant ». Comment Dieu peut-il accepter pareille chose ? Les dualistes, reprenant à leur compte la chute des anges que les cathares appelaient « la grande perturbation », proposent une autre lecture des origines, qui va absoudre Dieu. Celui-ci reste le Dieu bon, le Dieu de justice, le Très Haut, mais un autre principe lui coexiste et n'a pas été créé par lui. C'est le Mal, le dragon de l'Apocalypse : dans le combat qu'il engage contre Dieu, il s'oppose à l'archange Michel, est repoussé puis précipité, entraînant dans sa chute un grand nombre d'anges. Dans la *Cène secrète* des cathares, on retrouve la même idée de Satan – ou plutôt Sathanas – entraînant avec ses sept queues « la tierce partie des anges de Dieu ». Ces anges tombés malgré eux, ce sont des âmes que Satan s'empresse d'enfermer dans une prison charnelle, dans une « tunique de peau », bref dans les corps qu'il façonna à partir de la matière qu'il trouva sur la terre. Prisonnières dans leur enveloppe de chair, les âmes s'y sont endormies, attendant qu'on les réveille pour qu'elles puissent enfin retourner vers leur créateur,

Dieu. Ainsi, le monde peut être un monde de souffrance, création du Malin, Dieu n'y a pas sa part. Il reste ce Dieu de Bonté et les hommes sont à la fois des corps, créations diaboliques, et des âmes divines, enfermées dans ces corps.

En assurant l'existence de deux principes, la doctrine dualiste n'est pas loin d'affirmer l'existence de deux Dieux, réfutant ainsi le monothéisme. On ne manquera pas de le leur reprocher et les interrogatoires de l'Inquisition semblent sur ce point très attentifs, espérant prendre en défaut les hérétiques sur cette délicate distinction entre Dieu et principe. Les cathares ne se diront jamais autre chose que chrétiens et monothéistes. Ils croyaient en un seul Dieu, l'affirmaient avec véhémence et rétorquaient à leurs accusateurs que le principe du mal, Sathanas, tout créateur du monde visible qu'il était, n'avait pas rang de divinité, un rang réservé au seul et vrai Dieu.

La distinction entre deux principes, l'un créateur du Bien et l'autre du Mal, mais un seul Dieu, fait encore débat et il y aurait eu dans l'histoire du dualisme des adaptations conduisant à l'existence d'un dualisme modéré et d'un dualisme absolu, radical. Il faut en convenir : ce débat sur la dualité des principes est aussi vieux que l'Église

chrétienne elle-même, voire aussi vieux que l'Humanité…
C'est l'éternel combat du bien et du mal, de l'ombre et de
la lumière… Il agita les premiers siècles de la chrétienté
en de vives querelles alors que les canons n'étaient pas
tous fixés par les différents conciles. C'est en 325 seulement que le concile de Nicée fixa le Credo, seule pro-
fession de foi désormais admise : « *Credo in unum Deum,
Patrem Omnipotentem, factorem caeli et terrae, visibilium
omnium et invisibilium* » (« Je crois en un seul Dieu, le Père
Tout puissant, créateur du ciel et de la terre, et de toutes
les choses visibles et invisibles. ») La messe était dite ou
du moins la doctrine… Un seul Dieu, un seul principe
créateur de toutes choses. Ceux qui s'avisèrent par la
suite de poursuivre la dispute sur ce point du dogme le
firent à leurs frais et ils s'affichèrent toujours comme
hérétiques en s'égarant dans l'erreur.

Cette vision de la création du monde, ou des mondes,
peut nous paraître aujourd'hui bien lointaine. Rappelons
seulement que le débat n'est pas clos et a ressurgi depuis
peu par où on ne l'attendait pas : les controverses de
plus ou moins bonne foi qui opposent aujourd'hui des
chrétiens « créationnistes » et des scientifiques « évo-
lutionnistes », car si elles sont d'une toute autre nature,

elles procèdent cependant de la même nécessité humaine d'expliquer la naissance du monde où l'homme a pris sa place ! Il n'est pas non plus anodin qu'une profonde spiritualité dualiste ait rejailli dès le XIe siècle. L'an Mil n'a sans doute pas connu les célèbres « terreurs » qu'on lui a prêtées, mais il reste que l'époque fut réellement un temps de profonde piété et d'interrogation sur la fin du monde et, partant, sur la réalité de celui-ci et de ses origines. Si les terreurs de l'an Mil n'ont pas existé, la féodalité chrétienne d'alors était traversée par le courant puissant d'une spiritualité inquiète. Le livre de *l'Apocalypse* y était alors constamment évoqué et interprété.

Le Christ « adombré » et consolateur

Revenons à nos anges tombés sur la terre. Ils sont des âmes désormais enfermées dans des « tuniques de peau », endormies dans une enveloppe charnelle qui est, comme le reste de ce monde d'ici-bas, une création du Diable. Dans sa bonté, Dieu ne peut accepter de les laisser ainsi et ce qu'il a révélé dans la « Bonne nouvelle », l'Évangile, c'est qu'il enverra quelqu'un les sauver. Sur ce point, les cathares partagent le message évangélique de l'Église. Mais sur ce point seulement. Le Christ est une créature angélique, un être parfait, le fils adoptif que Dieu a fait descendre sur terre pour réveiller les âmes endormies. Même s'il n'est que le fils adoptif de Dieu, il est de même nature divine que lui et en aucun cas, il n'est un homme. Pour les catholiques, rappelons que Jésus est tout à la fois fils de Dieu et Dieu lui-même auquel il est « consubstantiel », une notion adoptée par le même concile de Nicée. Il est également « Dieu fait homme », envoyé sur terre, incarné, ce qui est inadmissible pour les cathares. En effet, difficile d'admettre que le Dieu si bon, déjà amer d'avoir perdu tant de ses anges dans la « grande perturbation », ait pu infliger à son fils l'intolérable souffrance d'être à son tour emprisonné dans un corps terrestre, donc diabolique.

La question de la nature du Christ, longtemps disputée elle aussi par les dissidences et les autres « écoles » chrétiennes des premiers siècles, est une question centrale pour le catharisme. Là encore, il faut concilier les deux principes pour admettre la présence de Jésus sur terre sans faire de lui un homme de chair. La réponse apportée par les cathares est que Jésus s'est « adombré », c'est-à-dire qu'il est venu sur terre sous une apparence humaine à l'ombre de laquelle il a pu dissimuler son apparence céleste et lumineuse, spirituelle, la seule qu'il ait jamais possédée. Pour ce faire, il lui fallut tout de même apparaître comme les autres hommes, en même temps qu'il fallait rester le plus proche possible du texte évangélique qui nous présente Jésus naissant de la Vierge Marie. Marie n'est alors, pour les tenants de la religion dualiste, que le « moyen » qui permit au Christ, ange divin, de s'adombrer. La nature exacte de Marie n'est pas toujours précisément définie par la doctrine cathare qui en propose plusieurs interprétations. Celle-ci ne fut au mieux qu'un ange, complice de la ruse du Christ pour s'adombrer, au pire, le simple « récipient » ou le « canal » de sa venue sur terre.

Les cathares ne furent pas les seuls, loin s'en faut, à penser le Christ comme un être purement spirituel. Longtemps, le courant docétiste donna du fil à retordre aux Pères de l'Église qui eurent le plus grand mal à réfuter leur idée d'un Christ qui n'aurait jamais pu s'incarner. La lecture des Évangiles fournissait aux docétistes, comme aux cathares par la suite, maints exemples d'un Christ surnaturel, semblable à un fantôme. N'était-il pas affranchi du poids de la chair pour pouvoir marcher sur l'eau ? Jésus comme simple apparence, le Coran en fera mention également : « Or, ils ne l'ont ni tué ni crucifié ; mais ce n'était qu'un faux-semblant ! » Ce refus de penser le Christ comme participant de l'humanité remet d'ailleurs en cause pour les cathares la Passion de Jésus, lequel ne pouvait souffrir, n'étant pas homme. Partant, la croix n'est pas un symbole pour les cathares. Ce qu'ils enseignaient à l'aide d'*exempla* de ce genre : « Si ton père avait été pendu, adorerais-tu la corde qui a servi à le pendre ? »

Adombré, le Christ a une mission capitale à accomplir : comme pour l'Église de Rome, il est l'annonciateur de la bonne nouvelle, de l'Évangile. Mais il n'est nullement question de sacrifice, de passion à souffrir pour la rédemption de tous. Pour les cathares, le Christ vient réveiller et révéler. Il vient réveiller les âmes endormies dans leur tunique de peau et leur révéler leur véritable nature dont elles ont perdu le souvenir. Ce monde n'est pas celui de Dieu, il n'est pas non plus celui des âmes et pour les cathares, Jean l'évangéliste ne disait pas autre chose : « Vous êtes dans le monde, dit Jésus, mais vous n'êtes pas du monde. » Le vrai monde pour les âmes prisonnières, c'est celui de Dieu d'où elles sont tombées. Le Christ non seulement le leur révèle mais vient leur apporter la chance de pouvoir y retourner. L'instrument – on pourrait dire le véhicule – de ce retour, c'est l'Esprit Saint.

La religion cathare propose une cosmologie de la création, une théologie des principes, une « christologie », mais aussi et surtout une « sotériologie », une doctrine du salut qui doit permettre à l'âme de retourner vers son créateur. Le Christ des cathares n'est pas un Christ rédempteur venu racheter les péchés par son sacrifice ; il est un Christ consolateur, venu baptiser ses apôtres « par le feu et par l'Esprit ». Là encore, les Évangiles l'affirment clairement. Matthieu d'abord (3, 11), rapportant les paroles de Jean le Baptiste : « Pour moi, je vous baptise dans l'eau en vue du repentir ; mais celui qui vient derrière moi est plus puissant que moi et je ne suis pas digne d'enlever ses chaussures ; lui vous baptisera dans l'Esprit Saint et le Feu. » Marc ensuite (1,8) : « Pour moi, je vous ai baptisés avec de l'eau, mais lui vous baptisera avec l'Esprit Saint. » Luc au chapitre III (verset 16) dit la même chose et Jean enfin, dans la parabole de Nicodème (3, 1-6) à qui Jésus répond : « Je te le dis : personne, à moins de naître de l'eau et de l'Esprit, ne peut entrer dans le royaume de Dieu. » Comme Jésus fut baptisé par Jean, les apôtres à la Pentecôte le furent à leur tour par l'Esprit Saint : « [...] quand, tout à coup, vint du ciel un bruit tel que celui d'un coup de vent, qui remplit toute la maison où ils se tenaient. Ils virent apparaître des langues qu'on eût dites de feu ; elles se divisaient et il s'en posa une sur chacun d'eux. Tous furent alors remplis de l'Esprit Saint et commencèrent à parler en d'autres langues, selon que l'Esprit leur donnait de s'exprimer. » (Actes des apôtres, 2, 1-4)

Les apôtres commencèrent alors leur prédication, inaugurant ainsi l'histoire de l'Église chrétienne. Celle-ci, devenue « catholique », « universelle », s'incarnera bientôt dans la seule autorité du successeur de Pierre plutôt que dans la communauté des croyants. Les cathares eux, réfutant la seule autorité pontificale, considèrent que le travail des apôtres se poursuit selon une longue généalogie ininterrompue depuis les douze apôtres jusqu'aux Bons hommes, leurs héritiers. À charge pour eux de baptiser, de « consoler », non par l'eau, mais par l'Esprit Saint, en imposant les mains sur les croyants. Ce geste, le *consolament*, clef de voûte de la foi cathare et seul sacrement, est celui qui permet à l'âme du croyant à l'article de la mort de pouvoir enfin quitter la tunique de peau qui l'emprisonne et de retourner auprès de Dieu. Il est aussi le geste qui confère à un Parfait le pouvoir d'ordonner un nouveau Parfait, un nouvel apôtre.

Le christianisme des Bons hommes est donc puisé essentiellement à la source du Nouveau Testament. Il s'exprime dans les quelques *Rituels* qui sont parvenus jusqu'à nous et il s'illustre également dans les nombreux interrogatoires de l'Inquisition et les dépositions des accusés patiemment transcrites par leurs juges. Ainsi Pierre Maury, berger de Montaillou, interrogé par Jacques Fournier, rapporte l'enseignement qu'il avait reçu de l'un des derniers Parfaits, Pierre Authié : « J'interrogeai l'hérétique : "Comment donc vous rappelez-vous ce qui s'est passé au ciel, si ces esprits ont oublié ce qu'ils avaient au ciel ?" Il répondit qu'il était venu quelqu'un de la part de Dieu le Père, qui nous a rendu la mémoire et nous a montré, avec l'Écriture qu'il a apporté, comment nous reviendrions au salut et comment nous sortirions du pouvoir de Satan. Et comme nous étions sortis du Royaume par orgueil, il nous a montré comment y retourner, après la douleur et la peine que nous avons supporté en ce monde en allant de tunique en tunique. Et il est venu par la bouche du Saint-Esprit, celui qui nous a montré la voie du salut. Il nous a montré aussi par les Écritures que, de même que nous nous sommes exilés du paradis par l'orgueil et par la tromperie du diable pour avoir cru plus Satan que Dieu, il fallait que nous retournions au ciel par l'humilité, la vérité et la foi. » (Extrait du *Registre de Jacques Fournier*, cité par Michel Roquebert dans *la Religion cathare, le Bien, le Mal et le Salut dans l'hérésie*)

À un Dieu unique, seul principe du Bien, s'est opposé un principe du Mal qui a été précipité sur la terre, entraînant dans sa chute des anges qu'il a enfermés dans des enveloppes charnelles où elles ont oublié leur origine. Dieu a fait descendre sur cette terre qui est l'œuvre du Mal son fils adoptif, le Christ, lequel s'est « adombré » pour dissimuler, mettre dans l'ombre, sa nature lumineuse. Le Christ est venu réveiller les âmes endormies et leur révéler par l'Évangile leur véritable nature. Il a insufflé l'Esprit Saint qui doit délivrer les âmes et leur permettre de retourner auprès de leur créateur. Pour ce faire, les apôtres, premiers à recevoir ce « Paraclet » pour reprendre le terme de Jean l'Évangéliste, le transmirent à leur tour, inaugurant la longue lignée de ces Bons hommes, de ces Bons chrétiens qui poursuivirent ce lent travail de prédication et de salut en conférant aux croyants le baptême par l'Esprit, le *consolament*. Les cathares sont donc bel et bien des chrétiens. Mais des chrétiens fort peu catholiques…

L'hétérodoxie cathare

La pensée dualiste qui anime la spiritualité des cathares les a donc conduits à théoriser tout à la fois une cosmologie qui induit une théologie monothéiste affirmant l'existence d'un principe du Mal, une christologie qui définit la nature divine et surtout pas humaine du Christ et sa mission, enfin une sotériologie, une science du salut, ultime étape de la pensée qui envisage les moyens nécessaires pour que les âmes retournent vers leur Dieu créateur. La Création, le Christ, le Salut, ce sont également les trois étapes de la foi chrétienne, patiemment élaborées et fixées par les canons de l'Église. Mais dans chacune de ces étapes, le parcours spirituel des cathares est radicalement divergent de celui de l'Église catholique. On comprend alors mieux la détermination de cette dernière à réfuter cette « fausse doctrine » avant d'envisager les procédés les plus radicaux et les plus criminels pour extirper une hérésie qui, en chaque point, nie les dogmes de l'orthodoxie.

Seuls vrais apôtres

Comme nous l'avons déjà évoqué plus haut, la divergence est profonde dès l'exposé des origines. Dieu existe dans son firmament lumineux et éternel, il n'a rien à voir avec l'existence du monde d'ici bas. La conséquence logique de cette *Genèse* particulière – ou différente –, c'est que le *credo* de l'Église est d'emblée réfuté. L'Église n'est rien d'autre qu'une des réalités parmi d'autres de ce monde et comme tout le reste, elle est une création foncièrement mauvaise. La seule vraie Église du Christ est celle des Bons hommes, les Parfaits qui perpétuent le travail des apôtres. Il va sans dire que la primauté de Pierre, et donc du pape, leur indiffère. Celui-ci est à la tête d'une fausse Église égarée dans l'erreur de ses dogmes, de ses rites et de ses sacrements. Le Christ des catholiques n'est pas le leur, Jésus n'ayant jamais pris chair dans le corps d'un homme, il n'a pu périr sur la croix. Mais il y avait plus grave encore qu'interpréter et affirmer différemment la nature du Christ : les cathares ne reconnaissaient aucune valeur à l'eucharistie, ce qui était résolument sacrilège.

Nous n'entrerons pas dans les arcanes des disputes érudites qui eurent lieu au cours des premiers siècles pour conduire à l'établissement du sacrement de l'eucharistie. Rappelons que celui-ci est non seulement commémoration du dernier repas de Jésus avec ses disciples, mais également « transsubstantiation » : pour les catholiques, le corps et le sang du Christ sont réellement présents dans le pain et le vin. Pour les dualistes cathares, il en va tout autrement. Eux aussi commémorent la Cène et partagent rituellement et symboliquement le « pain de vie », mais ce pain est dit « supersubstantiel » : il est d'une substance supérieure à toutes les autres et non pas substance identique à celle du Christ. Le terme « supersubstantiel » est celui qu'utilise Matthieu dans son Évangile (6,11), que la Vulgate a traduit par « quotidien » de manière discutable. Le pain des cathares est d'essence purement spirituelle, c'est la logique du système de pensée mis en œuvre. Dans son apparence matérielle, il n'est rien d'autre qu'un simple aliment. Le Christ n'étant pas un homme, n'étant pas même incarné, comment croire qu'une miche de pain puisse le contenir ? D'ailleurs, ce pain n'est qu'un vulgaire produit de la terre, un aliment de ce monde sensible dont on sait qu'il est l'œuvre du Malin. Pour les cathares, il n'y a donc pas d'eucharistie au sens catholique du terme. L'édifice central de la messe, le sacrement qui lui donne toute son importance est donc purement et simplement nié. Pire encore, cette conception conduit tout logiquement à nier également le ministère sacré du prêtre. C'est donc une fois de plus l'appareil ecclésial dans son entier qui est ébranlé.

Le baptême par l'Esprit

Qu'en est-il des autres sacrements de l'Église ? Ils sont également réfutés, en considération toujours du dualisme et de cette Genèse qui a vu les âmes tomber sur terre, royaume du Mal. Le baptême par l'eau, celui par lequel Jean baptise Jésus dans le Jourdain, ne vaut pas car l'eau n'est jamais rien d'autre qu'un élément constitutif du Royaume du Mal, la Terre. Les cathares se montraient également très critiques à l'égard du baptême des enfants, en considération de leur trop jeune âge pour demander en toute conscience à appartenir à l'Église. Ils y voyaient là une manœuvre de Rome pour « capter » les âmes le plus tôt possible, une critique qui a traversé les siècles… Aux différents sacrements de l'Église de Rome, les cathares en opposent un seul et unique : le *consolament* ou baptême par l'Esprit.

En 1244, devant l'inquisiteur Ferrer, un croyant fit le récit suivant du *consolament* auquel il assista : « Vinrent alors là deux Parfaits dont j'ignore les noms, qui consolèrent le malade de cette façon : ils lui demandèrent d'abord s'il voulait se donner à Dieu et à l'Évangile et le malade répondit oui. Puis, à leur demande, il promit de ne plus manger de viande ni d'œufs ni de fromage ni d'une quelconque graisse, si ce n'est de l'huile et du poisson ; et de ne plus jurer ni mentir ; de ne plus se livrer au plaisir des sens tout le temps de son existence ; et de ne pas abandonner la secte des Parfaits par peur du feu, de l'eau ou d'un autre genre de mort. Puis lesdits Parfaits posèrent la main et un livre sur la tête du malade et lurent. Puis ils firent plusieurs prosternations et génuflexions devant le malade et prièrent et lui donnèrent le baiser de paix par deux fois sur la bouche, en travers. »

Ce *consolamentum*, ou « consolation », est au cœur de la religion cathare. Il en est l'édifice central qui soutient la foi des croyants et des Parfaits dont le seul but est de « faire une bonne fin », de faire leur salut, c'est-à-dire de libérer leur âme pour qu'elle puisse retrouver sa place auprès de Dieu. Une fois encore, ce baptême par l'Esprit, ou « baptême par l'Esprit et le Feu », est directement emprunté aux Écritures, aux Actes des apôtres. C'est la Pentecôte, quand les douze apôtres (Judas a été remplacé par Matthias !) reçoivent le souffle du Saint Esprit et se voient confier la mission de répandre la bonne nouvelle et de baptiser à leur tour. Il ne s'agit plus cette fois de baptiser par l'eau, mais par l'imposition des mains : « Ceux-ci (Pierre et Jean) descendirent donc chez les Samaritains et prièrent pour eux, afin que l'Esprit Saint leur fût donné.

Car il n'était encore tombé sur aucun d'eux ; ils avaient seulement été baptisés au nom du Seigneur Jésus. Alors Jean et Pierre se mirent à leur imposer les mains et ils recevaient l'Esprit Saint » (actes VIII, 15-17). Ce geste de l'imposition des mains a été repris par les Parfaits cathares, repris ou plutôt poursuivi, puisque, pour ces représentants de la vraie Église du Christ, la lignée des apôtres n'a jamais été interrompue.

Si les cathares ont appelé ce baptême par l'Esprit *consolament*, c'est un emprunt direct à l'Évangile de Jean, qui a pour eux une plus grande importance que les trois autres, et dans laquelle Jean appelle l'Esprit Saint le « Paraclet » : « Et je prierai le Père et il vous donnera un autre Paraclet, pour être avec vous à jamais l'Esprit de Vérité » (Jean 14, 16). En grec, paraclet signifie « avocat », « intercesseur » ou « consolateur ». Pour les cathares, recevoir l'Esprit par imposition des mains, c'est obtenir que l'âme emprisonnée dans sa tunique de peau soit assurée, à la mort de celle-ci, de retourner auprès de Dieu. Ce n'est donc pas un baptême qui se donne à la naissance pour entrer dans l'Église, c'est un baptême qui se donne à la fin de la vie pour « faire son salut » et quitter le monde du Mal pour retrouver celui du Bien. Destiné à tous les croyants qui en feront la demande, le *consolament* est aussi un sacrement d'ordination par lequel se transmet le « pouvoir surnaturel » conféré aux Parfaits de faire d'un croyant un nouveau Parfait dès lors que celui-ci s'y sera longuement préparé.

Sacrement conféré à ceux qui souhaitaient ardemment devenir apôtres de la vraie Église et aux mourants afin que leur âme retourne auprès de Dieu, le *consolament* a pu, dans les années les plus dures de la persécution, être conféré à un agonisant incapable de parler et de dire les prières rituelles. Les croyants faisaient alors la *convenenza*, sorte de pacte qui anticipait le *consolament*. La *convenenza* s'est surtout pratiquée au cours des sièges d'une forteresse par les croisés, un croyant risquant à tout moment d'être brutalement blessé et de perdre l'usage de la parole. Ce fut le cas à Montségur, comme l'atteste la déposition devant l'Inquisition d'Adalaïs, veuve d'Alzeu de Massabrac : « [...] pour le cas où nous serions blessés à mort et ne pourrions parler, qu'ils nous recevraient et nous consoleraient, bien que nous eussions perdu la parole. Et ces parfaits promirent et firent alors le pacte avec moi et les autres femmes qu'ils nous recevraient et nous consoleraient, bien que nous ne puissions parler. »

Le culte cathare se réduit donc à une singulière économie sacramentelle : un seul sacrement vaut pour tous ceux de l'Église catholique. Le *consolament* est baptême par l'Esprit qui fait de celui qui le reçoit un « vrai chrétien » ; il est également une confirmation de celui-ci en vous infusant l'Esprit Saint. Dans une perspective spirituelle, il est également un sacrement de mariage, sans aucun rapport avec le mariage catholique, un sacrement que l'Église vient tout juste d'instituer au XIIᵉ siècle. Il s'agit là d'un mariage « surnaturel » entre l'âme et l'Esprit. On pourrait même parler de « remariage » ou de « re-union », puisque le *consolament* a pour effet de réunir ce qui a été séparé lors de la chute originelle. Une fois encore, rappelons que, pour les cathares, il ne s'agit pas de faire son salut en allant au paradis, mais en y retournant ! Le *consolament* est donc aussi un sacrement d'ordination qui consacre un nouveau Parfait. Mais, pour tous les croyants cette fois, il est également un sacrement d'extrême-onction, puisqu'il ne s'applique qu'à la fin de la vie, au moment où l'enveloppe charnelle va mourir, moment propice pour libérer l'âme. Celui qui le reçoit, devenu un bon chrétien, se voit absoudre de ses péchés ; le *consolament* est donc également un sacrement de pénitence.

Qu'advient-il de l'âme si elle ne peut être libérée si, à la mort, le corps disparaît sans que le croyant ait été « consolé » ? Ce n'est pas le moins singulier des aspects du catharisme que la croyance en la réincarnation, voire en la métempsychose. Les sources sont discrètes sur ce point, parfois divergentes, mais les registres de l'Inquisition attestent de cette croyance – finalement logique – en la réincarnation. L'Esprit Saint et consolateur étant le seul viatique valable pour reconduire l'âme vers les cieux, celle-ci, privée de sa consolation, poursuit sur la terre sa pénitence, migrant de tunique de peau en tunique de peau jusqu'à ce qu'elle habite enfin le corps d'un croyant qui recevra le *consolament*. En fonction de l'importance des péchés commis dans la vie antérieure, l'âme se réincarnerait au mieux dans un autre homme et au pire, pour les plus impénitents, dans un animal, ce qui justifiera en partie l'ascèse très sévère à laquelle se soumettaient les Parfaits en s'interdisant de manger toute viande animale. D'autres témoignages recueillis par l'Inquisition font état d'un nombre limité de migrations des âmes, sept ou neuf peut-être. Mais ils sont à prendre avec précaution car, dans la logique toujours poussée le plus loin possible, ce serait rendre inopérant le *consolament* en annulant son pouvoir surnaturel et en le limitant à une simple suite arithmétique.

Si l'on en croit Pierre Sicre – celui qui trahit le dernier des Parfaits, Guillaume Bélibaste, en le livrant aux mains de l'Inquisition –, ce bon chrétien enseignait que les âmes migraient vers d'autres corps jusqu'à leur consolation mais selon lui, celle-ci n'était vraiment effective que si l'âme s'était incarnée dans un corps masculin. Les Écritures sont, une fois encore, convoquées pour justifier ce point de la doctrine, mais la lecture n'emporte pas la conviction. Ainsi dans l'épître aux Éphésiens est-il écrit : « C'est lui encore qui a donné aux uns d'être apôtres, aux autres d'être prophètes [...] au terme de laquelle nous devons parvenir tous ensemble à ne faire plus qu'un dans la foi et la connaissance du Fils de Dieu, et à constituer cet Homme parfait... » (Éphésiens 4, 11-13). Toutefois, Bélibaste ajoutait que si l'âme entrait dans le corps d'une femme bonne chrétienne, c'est au moment de quitter ce corps qu'il devenait homme...

Les cathares, quoique profondément chrétiens, s'opposaient donc en tout point au dogme de l'Église catholique. Héritiers autoproclamés des premiers apôtres et seuls représentants de la vraie Église du Christ, ils réfutaient la doctrine romaine, n'en reconnaissaient ni les sacrements ni la liturgie et moins encore la pompe, le faste et le décorum. S'il fallait justifier qu'ils fussent ainsi persécutés, certains historiens du catharisme ajoutent que leur croyance en la réincarnation et l'interdiction absolue qu'ils se faisaient de jurer et de prêter serment constituaient également une dangereuse remise en cause de la féodalité. Qu'une même âme ait pu se réincarner successivement impliquait qu'il n'y ait plus d'ordres médiévaux : une âme pouvant quitter le corps d'un paysan pour venir habiter celui d'une vicomtesse… L'apparente hiérarchie qui ordonnait le corps social n'était donc à leurs yeux, comme le reste, qu'une invention du Diable !

L'église des Bons hommes

L'Église cathare – telle que nous en avons présenté sommairement la doctrine qui en soutenait la foi – a vécu plus de deux siècles relativement protégée des foudres de Rome avant qu'une vindicte implacable ne s'abatte sur elle. Elle a eu le temps de s'organiser là où elle était le mieux implantée (Balkans, Italie du Nord, Languedoc) en une contre-Église avec sa hiérarchie, son clergé, ses pratiques. La difficulté d'en décrire le fonctionnement, la vie quotidienne, procède de l'absence de sources écrites, mais également de la nature même de cette Église qui se savait étrangère à ce monde et ne s'intéressait guère aux manifestations visibles, terrestres, de l'expression de sa foi. Profondément spirituelle, elle faisait peu de cas des rites, des symboles. Elle ne s'intéressait qu'aux choses de l'esprit en considération de l'origine démoniaque des corps et de toutes choses apparentes. Pour dire autrement, sa spiritualité l'éloignait de toute matérialité, si bien que les témoignages qui auraient pu être conservés (dans la pierre, dans l'iconographie…) manquent aujourd'hui pour bien comprendre la réalité de l'existence terrestre de ces Bons hommes.

Un clergé sans fidèle

Parce qu'ils se prétendaient seuls représentants de la « véritable Église du Christ », les cathares méprisaient Rome, sa pompe liturgique, et plus encore sa rigoureuse structure hiérarchique, pyramidale qui, depuis le Saint-Siège romain jusqu'à la moindre paroisse, encadrait les âmes et les soumettait à une stricte observance du dogme et des pratiques. Toutefois, l'apostolat des cathares impliquait qu'eux-mêmes se structurent en une Église qui avait, elle aussi, sa hiérarchie. Pas de pape bien sûr, ni même de chef quelconque qui aurait dominé de son autorité le « peuple » cathare. Il n'existait pas une Église cathare unique qui aurait eu son épicentre, un cœur géographique d'où aurait rayonné sa foi. Il vaut mieux parler d'Églises cathares, de communautés indépendantes entretenant entre elles des liens plus ou moins étroits.

À la tête d'une communauté, on trouvait un évêque dont « l'évêché », ou la « province », possédait des frontières pour le moins imprécises. Cet évêque, choisi comme tel par ses pairs Parfaits, avait toujours avec lui deux assistants, un fils majeur et un fils mineur, le fils majeur étant destiné à remplacer son évêque, lui-même cédant sa place au fils mineur. Les villes et les bourgs où était implantée une communauté importante avaient un diacre. Enfin, dans les « maisons » de Parfaits, une préséance d'âge – et sans doute de sagesse – conférait au doyen le statut d'« ancien ». Le seul document arrivé jusqu'à nous qui nous présente cette église cathare concerne le colloque qui s'est tenu en 1167 à Saint-Félix-Lauragais. Malgré tout, cette source a longtemps été mise en doute et, il y a peu encore, d'âpres controverses voyaient les historiens s'opposer sur la réalité de ce colloque dont certains pensent encore qu'il n'a jamais eu lieu. Il semble avéré qu'une très importante rencontre des Églises cathares a bien eu lieu à Saint-Félix, une sorte d'assemblée générale présidée par l'évêque Nicetas, venu de Constantinople, qui était à l'époque le plus éminent dignitaire de la dissidence. Des représentants de l'Église de « France » étaient également là, ainsi que des Lombards avec leur évêque Marc. Pour le Languedoc, il y avait à Saint-Félix l'évêque des cathares d'Albi, Sicard Cellerier. Ceux du Carcassès étaient représentés par un certain Bernat Cathala, dont on ne sait pas s'il était évêque, puis des délégués du Toulousain et enfin des représentants de l'Église d'Agen (ou peut-être du Val-d'Aran). En 1226, en pleine persécution, un cinquième évêché cathare sera même créé : celui du Razès. C'est donc bien tout un appareil ecclésial, modeste et souple mais bien réel qui s'était structuré pour coordonner l'apostolat des Parfaits.

Évêque, fils majeur et fils mineur, diacres et anciens, c'était là toute la hiérarchie de l'Église cathare. Tous étaient des Parfaits, comme étaient Parfaits également leurs coreligionnaires ayant eux aussi reçu le *consolament* qui les avait ordonnés, agrégés à la « véritable Église du Christ ». À charge pour eux de poursuivre l'inlassable prédication des apôtres à destination de tous les autres, leurs contemporains, qui voudraient bien les écouter et entendre leur révélation et qui ne constituaient pas à proprement parler une communauté de fidèles, mais un « vivier » d'âmes à consoler. Les catholiques auraient dit « à évangéliser ». Si bien qu'on a pu parler à propos du catharisme, non sans raison, d'une « religion de prêtres ».

Présenter l'Église des Bons hommes, c'est nécessairement parler aussi des Bonnes dames, car le catharisme a été une religion où hommes et femmes étaient peu ou prou considérés à égalité. Distinction essentielle là encore d'avec l'Église catholique, le catharisme a fait aux femmes une place plus importante qu'aucune autre religion, ce qui a beaucoup contribué par la suite à forger le mythe d'une religion extrêmement tolérante. Et c'est vrai que les femmes n'y étaient pas reléguées à un statut inférieur ou subalterne, une Bonne dame pouvait donner le *consolament* à un mourant avec la même « efficacité » surnaturelle qu'un Bon homme. Mais il faut tempérer cette parité et la replacer dans le contexte de son époque. L'Église cathare nous a laissé le souvenir de certaines de ces Bonnes dames, notamment celui de la célèbre Esclarmonde de Foix, mais il faut en convenir, les plus hauts dignitaires de l'Église cathare furent toujours des hommes. Sur le bûcher, en revanche, l'égalité des sexes fut tragiquement pleine et entière…

Les « croyants » : cathares et catholiques

La relative quiétude qui avait permis que cet apostolat pût s'effectuer dans le Languedoc durant si longtemps avait gagné à la foi cathare un nombre considérable de croyants. S'il est difficile d'avancer un chiffre, d'établir des statistiques, il est certain que l'hérésie s'était très largement répandue dans la population. Mais la structure même du catharisme implique que tous ces croyants qui écoutaient les Parfaits n'étaient pas à proprement parler des cathares. Ils ne le devenaient réellement s'ils le désiraient qu'en recevant le *consolament* qui faisait d'eux des Parfaits à leur tour, au terme d'une longue et difficile préparation spirituelle. Cela ne représentait qu'une part infime de la population. Tous les autres formaient le vaste public qui prêtait une plus ou moins grande attention à leur message et se laissait lentement gagner – ou non – à cette autre foi. Aucun pourtant ne cessait d'être catholique, tous demeurant les ouailles d'une paroisse dans laquelle des Parfaits venaient prêcher un Évangile différent de celui du curé. Tout cela a pu se dérouler longtemps en bonne intelligence et il est certain que nombre de curés de paroisse accueillaient sans animosité ces prêcheurs dont il était clair qu'ils étaient profondément chrétiens. Il ne faut donc pas percevoir le catharisme comme une contre-Église qui se serait heurtée à l'Église officielle et aurait mené un apostolat de combat dans le but de rallier le plus grand nombre à sa cause.

Les Parfaits qui prêchaient devant une assemblé de villageois ne se souciaient d'ailleurs pas que ceux-ci renoncent à leur baptême qui, à leurs yeux, n'avait pas de valeur réelle. Le seul but de ces prédications, rappelons-le, était de révéler une espérance et de permettre aux âmes d'obtenir leur salut en retournant auprès de Dieu. Le message des Parfaits pouvait donc être entendu sans contrainte, sans obligation, mais avec la conviction suffisante qu'il fallait être « consolé » au moment de mourir. Pour beaucoup de chrétiens, c'était là sans doute un salut confortable car seul comptait de « faire une bonne fin », ce qui n'était pas rien pour des populations du XIIIᵉ siècle. Ce « confort » n'est toutefois qu'apparent car il serait trompeur de penser que les populations de l'Occident médiéval auraient pu se satisfaire d'un salut acquis d'office dès lors qu'un Parfait aurait consolé un mourant. La profonde piété qui irriguait les mentalités de cette époque infiniment religieuse était telle que tout ce qui touchait à Dieu et à la foi ne pouvait pas concerner que les derniers instants de la vie. Toute l'existence était imprégnée de ce sentiment religieux et le catharisme n'a pas séduit uniquement pour cette assurance qu'on gagnait son salut presque automatiquement.

La raison principale qui peut expliquer que le catharisme ait eu une telle audience tient davantage dans l'exemplarité des Parfaits en opposition, souvent radicale, avec l'attitude du clergé catholique. Celui-ci, il faut en convenir, n'était pas toujours à la hauteur. Rappelons l'exemple désormais célèbre du curé de Montaillou, Pierre Clergue, lequel se souciait fort peu que ses ouailles fussent presque tous de fidèles auditeurs des Bons hommes. Le brave homme était surtout préoccupé de sa liaison avec la châtelaine Béatrice de Planissoles comme de la cour assidue qu'il faisait aux jeunes filles du village. Le père Clergue trouvait d'ailleurs son compte dans la prédication des Parfaits et il tirait de leur doctrine une sorte de liberté morale qui à ses yeux justifiait qu'il pût sans scrupule séduire ses paroissiennes… Si les curés de village étaient le plus souvent humbles et sincères dans l'exercice de leur ministère, partageant même beaucoup des difficultés quotidiennes de leurs paroissiens, il n'en allait pas de même des prélats de l'Église qui en incarnaient l'opulence, la richesse, si éloignées du message évangélique aux yeux de populations pauvres. Les Parfaits cathares, eux, offraient du christianisme un visage plus authentique, du moins plus conforme aux lectures entendues à la messe et aux sermons dits en chaire. Leur dépouillement extrême, leur prédication pacifique et non contraignante ont forcément trouvé un écho au sein de populations préoccupées par une subsistance quotidienne d'autant plus difficile à assumer que la dîme perçue au profit de l'Église pesait très lourd !

Un autre facteur peut expliquer la large audience réservée aux Parfaits, d'ordre intellectuel cette fois.

Quoiqu'animés d'une bonne volonté, les prêtres étaient pour le moins très mal formés au travail de catéchèse et leur foi n'était pas toujours assise sur des bases solides. Leur sacerdoce consistait donc le plus souvent en une pastorale convenue et disciplinée, à dire la messe et à conférer – en latin – des sacrements dont la signification profonde échappait à l'entendement de beaucoup et parfois même à celui du prêtre. En revanche, les Parfaits s'appliquaient davantage à une prédication pédagogique, en langue occitane, s'attachant à bien exposer la pertinence de leur doctrine. Les paraboles de l'Évangile étaient remplacées par des *exempla* plus populaires, sortes de fables ou d'apologues plus facilement compréhensibles par le plus grand nombre. Là où le prêtre se contentait de répéter ce qui devait être su de tous, le Parfait, lui, devait convaincre et usait des moyens les mieux appropriés pour y parvenir. C'est aussi ce qui explique que le catharisme a particulièrement gagné, du moins pour les Parfaits, les classes supérieures de la population (bourgeoisie et noblesse), mieux armées intellectuellement pour appréhender une religion du salut reposant sur une interprétation des Écritures qui n'était pas celle admise et connue depuis longtemps – l'un des derniers Parfaits, Pierre Authié, était notaire.

Enfin, le succès du catharisme auprès des populations réside dans le dualisme lui-même. Nous avons dit qu'il exposait l'existence de deux principes – et le principe du Mal était parfaitement intelligible à une époque où le Diable était partout, dans les maux et les souffrances du temps. Si l'Église ne présente pas le Diable comme un principe créateur, elle ne manque pas de voir partout l'œuvre du Malin qu'il faut craindre. Et à ceux qui ne le craindraient pas suffisamment, ou pire encore à ceux qui ne craindraient pas Dieu, elle fait entrevoir la perspective effrayante de l'Enfer. Elle a même théorisé ce séjour, quasiment inévitable, du purgatoire... ce qui laisse peu d'espoir de connaître un au-delà paradisiaque. Le catharisme a quant à lui définitivement résolu ce problème pourtant capital : nul ne risque les flammes de l'enfer, pas même les tourments du purgatoire, puisque l'enfer, les hommes y sont déjà ! Au contraire, elle propose à tous de quitter enfin ce séjour infernal, royaume du Démon, pour retourner au ciel de Dieu. Pour beaucoup, nul doute qu'il s'agissait d'une espérance plus grande.

Tous ces croyants qui écoutaient l'enseignement des Parfaits ne cessaient pas d'être chrétiens catholiques, ils n'abjuraient pas leur foi première, ce qui eût été dangereux, et demeuraient libres d'adhérer avec plus ou moins de ferveur à cette religion à la fois si proche et si distincte de la leur. Tant qu'ils n'avaient pas été « consolés », ils n'appartenaient pas encore à la vraie Église du Christ ; ils n'étaient pas de « vrais chrétiens » et on n'exigeait pas d'eux qu'ils se plient à la très stricte discipline de vie des Parfaits. Mais sans doute les plus convaincus d'entre eux s'efforçaient-ils de leur ressembler peu ou prou et de mettre en pratique dans leur vie quotidienne certains préceptes. On sait en revanche qu'ils leur prêtaient un profond respect, lequel se manifestait de manière rituelle par une « adoration », que les cathares nommaient le *melioramentum*. Quand un croyant rencontrait un Bon homme, il s'agenouillait devant lui à trois reprises, prononçant quelques prières et demandant au Parfait de lui accorder sa bénédiction et de le conduire « à une bonne fin ». Le Parfait relevait alors le croyant pour lui donner le baiser de paix, sur les joues et la bouche. S'il s'agissait d'une personne de l'autre sexe, ce baiser de paix ne se donnait bien sûr qu'en ayant pris soin de placer entre les deux le livre de l'Évangile de Saint Jean, qui ne quittait jamais un Bon homme. À table, les croyants qui accueillaient un Parfait partageaient avec lui le « pain de vie » qu'il bénissait. Ces rites demeuraient profondément symboliques. Il n'était pas demandé aux croyants de les respecter scrupuleusement et ces derniers n'encouraient aucun reproche, s'exposant seulement à poursuivre leur vie terrestre au gré du cycle des réincarnations s'ils n'étaient pas consolés au moment de mourir. On ne peut d'ailleurs exclure que, pour certains « auditeurs », ce cycle de successives réincarnations offrait d'intéressantes perspectives : celles de connaître une prochaine vie autrement plus agréable que l'actuelle…

Interrogé par l'inquisiteur Geoffroy d'Ablis, un habitant d'Ax-les-Thermes dit avoir rencontré les Parfaits Guillaume Authié et Prades Tavernier et les avoir entendus prêcher ainsi : « Ils disaient qu'ils faisaient de grandes abstinences et trois carêmes par an, qu'ils avaient le pouvoir de sauver les âmes. De même, il leur a entendu dire que l'hostie consacrée par le prêtre, élevée à la messe et montrée au peuple, n'est pas le corps du Christ et que personne ne devait croire que c'était le corps du Christ. De même, il a entendu dire par ces mêmes hérétiques que le baptême ne valait rien et n'était d'aucun profit pour l'homme. De même, ils affirmaient que c'était un aussi grand péché de coucher avec sa femme qu'avec toute autre femme. De même, que nous qui suivons la foi de l'Église romaine, nous adorons des idoles, c'est-à-dire les images des saints qui sont dans les églises. »

Les Parfaits, nouveaux apôtres

Celles et ceux qui souhaitaient accéder à la perfection chrétienne et appartenir pleinement à la vraie Église devaient s'y préparer longuement, être patiemment initiés aux préceptes avant d'être en mesure de recevoir l'Esprit Saint. Ce « noviciat » pouvait durer d'un à trois ans, voire plus. Il consistait avant tout à s'imprégner de la doctrine en étudiant les rituels et les catéchismes, en approfondissant particulièrement l'Évangile de Jean qui tenait chez les cathares une importance bien plus grande que les autres, en apprenant les textes fondamentaux, principalement le *Livre des deux principes* qui contenait l'essentiel de la foi dualiste. Cette étude devait justifier, par les pratiques qu'elle induisait, un mode de vie particulièrement exigeant, une ascèse éprouvante mais nécessaire pour vivre hors du péché.

Quand il se sentait prêt, le postulant pouvait alors être ordonné, recevoir le *consolament*, non pas celui des mourants mais l'imposition des mains qui lui transmettrait, lui infuserait cet Esprit Saint qui ferait de lui un continuateur des apôtres. Si la cérémonie de ce *consolament* nous est mal connue, nul doute pourtant qu'elle devait être sobre dans son déroulement mais intensément spirituelle et mystique. Réunis dans une de leurs maisons, plusieurs Parfaits, parfois quand c'était possible l'évêque et des diacres, entouraient le nouvel apôtre qui entendait la lecture de l'Évangile et un prêche, redisait son intention d'appartenir à la vraie Église, puis se confessait. Une fois absous de ses péchés (condition indispensable pour pouvoir à son tour consoler les croyants) et après de multiples oraisons, il formulait ses vœux, s'engageant à vivre pauvrement, chastement, à s'interdire toute nourriture animale, à ne jamais mentir, à toujours suivre les préceptes de la vraie Église du Christ. Bref, à être en état de véritable « impeccabilité ». Il pouvait alors recevoir le *consolament* qui faisait de lui un nouveau Parfait. Il lui incombait désormais de vivre une austère discipline de l'esprit et du corps.

Ce corps, dont il faut rappeler qu'il est une « tunique de peau » emprisonnant l'âme, était, comme le monde, profondément méprisable puisque création du Mal. Un Parfait, qui avait reçu l'Esprit Saint, devait sans cesse lutter pour que ce corps ne pèche plus, au risque de devoir être à nouveau consolé après une nouvelle préparation. Et pour les cathares, le défaut rédhibitoire de ce corps de chair, c'est qu'il est une prison qui se perpétue ! Non content d'emprisonner l'âme, il prend un « malin » plaisir à se reproduire, enfermant toujours plus l'âme dans un cycle sans fin. L'acte sexuel qui préside à cette perpétuation-perpétuité est donc, en pure logique, un acte détestable. Ce n'est pas la moindre des accusations, constamment faite aux cathares, d'avoir considéré l'acte sexuel comme une abominable fornication responsable de tous les maux sans cesse répétés. Les Bons hommes se pliaient donc à une continence absolue, qui pourrait être pensée comme équivalente au vœu de chasteté et de célibat des prêtres de l'Église catholique. Deux remarques toutefois : les prêtres du XIIIe siècle (comme ceux des siècles à venir…) vivaient parfois ce célibat avec une certaine liberté et une coupable légèreté. Et les cathares ne doivent pas être pour autant considérés comme de plus rigoureux ascètes en ce domaine. Car contrairement aux prêtres, ils entraient très tardivement en religion et ne se faisaient le plus souvent Parfaits qu'après une vie déjà bien remplie. La plupart d'entre eux et d'entre elles avaient été mariés, avaient eu des enfants. L'« impeccable chasteté » des Bons hommes et des Bonnes dames n'intervenait donc qu'après avoir longtemps connu, sans les détester, les plaisirs de la chair ! Il faut ici évoquer une nouvelle fois l'exemple du dernier cathare condamné au bûcher, Guillaume Bélibaste. Celui-ci avait tout d'abord été pourchassé par la justice des hommes pour le meurtre d'un berger. Est-ce pour expier ce crime qu'il avait embrassé la religion cathare dans l'espoir de faire son salut ? Devenu un fervent hérétique, il fuit l'Inquisition, se cacha en Catalogne et se lia avec une femme, Raymonde Piquier, qui elle aussi était recherchée pour hérésie. Ensemble, ils se servirent l'un à l'autre d'alibi, les inquisiteurs sachant pertinemment que les hérétiques s'interdisaient tout commerce charnel. Or, Bélibaste et Raymonde finirent bien par se rapprocher le plus intimement qu'il fût possible…

Cette continence ne concernait que les Parfaits et ne s'appliquait nullement aux croyants, lesquels restaient absolument libres de leur discipline en la matière. Cette liberté n'est pas une mansuétude ni même comme on l'a souvent présentée une remarquable tolérance inhérente à la foi cathare. Elle est, là aussi, une suite logique aux principes originels : certes, la procréation multiplie les tuniques de peau, mais elle est aussi la garantie que les hommes, en se multipliant, augmenteront les chances de voir apparaître de nouveaux apôtres. La très rigoureuse attitude des cathares à l'égard de la sexualité fut surtout l'argument de la partie adverse qui ne manqua pas de dénoncer des pratiques qui auraient conduit à l'extinction de l'humanité... C'était oublier un peu vite qu'en poussant le raisonnement, on peut légitimement se demander ce qu'il adviendrait de l'Humanité si chacun et chacune allait s'enfermer dans un monastère !

L'interdit de la chair se poursuivait dans de très rigoureux interdits alimentaires. Dès lors qu'il avait été ordonné, et s'y étant préparé lors de son noviciat, le Parfait cathare ne mangeait plus aucune viande, pas de lait ni d'œuf, rien qui fût d'origine animale. Il était totalement végétarien, seul le poisson était autorisé. L'interdit alimentaire est un invariant des pratiques religieuses, quelle que soit la religion, toutes ont toujours désigné ou continuent de désigner tel ou tel animal comme « impur ». Sur ce point, les cathares empruntent aux Écritures le « Tu ne tueras point ». C'est également la stricte observance d'une pratique découlant du principe originel : les animaux comme les hommes se reproduisent par l'acte de chair, d'une insupportable impureté. La croyance en la réincarnation possible dans un corps animal accentue bien sûr cet interdit alimentaire. Quant au poisson, s'il échappe à la réprobation, c'est bien sûr parce qu'il est, avec le pain, l'un des aliments dont le Christ a nourri la foule qui l'écoutait. C'est aussi parce qu'à l'époque, on ignorait tout de la reproduction des poissons et on croyait que ceux-ci naissaient « purement » et simplement dans l'eau. Ces interdits alimentaires devaient être absolus, les cathares veillant à n'être jamais en contact avec un animal. On dit d'ailleurs que les Parfaits voyageaient avec leurs propres ustensiles de cuisine afin d'être certains que les aliments dont ils se nourrissaient ne seraient pas souillés lors de la cuisson par quelques restes de graisse animale.

Les Bons hommes s'astreignaient donc à une très rigoureuse ascèse semblable en bien des points à la discipline de certains ordres religieux qui leur étaient contemporains. Ils allaient même plus loin, s'obligeant à trois périodes de carême de quarante jours et tout au long de l'année, à trois jours par semaine de jeûne strict, ne s'autorisant que du pain et de l'eau. Une autre pratique avait cours chez les cathares, celle de *l'endura,* qui consistait à ne plus se nourrir après avoir reçu le *consolament*

— ce qui a pu laisser penser qu'ils ne répugnaient pas au suicide. Or cette pratique de *l'endura* s'explique par la valeur fondamentale du sacrement : le mourant qui l'a reçu se trouve absous de tous ses péchés, il ne doit plus en commettre alors que son âme est sur le point de quitter enfin ce monde terrestre et maléfique. Cette pratique extrême et ultime a dû, le plus souvent, hâter la mort du croyant, ce qui a justifié qu'on l'assimilât à un suicide. On sait aussi qu'elle fut parfois une thérapie bénéfique et permit au mourant de se rétablir grâce à une diète opportune.

Pour finir sur ces pratiques, notons qu'elles ont souvent servi à dénoncer les hérétiques, lesquels se seraient livrés à des excès contre nature. L'ascèse cathare n'avait pourtant rien à envier à certaines pratiques qui avaient cours chez les catholiques. Elle avait un tout autre but. Il s'agissait bien sûr de discipliner le corps pour éloigner de lui toute tentation de pécher. On refrénait les pulsions sexuelles, on s'interdisait tel ou tel aliment, mais il ne s'agissait pas d'un dolorisme. L'austère attitude des Parfaits, leur mode de vie, ne laissait aucune place à la mortification. Il ne s'agissait pas de revivre les souffrances du Christ, de s'infliger des châtiments en expiation de telle ou telle faute, mais de tout faire dans son existence pour n'être pas exposé au péché qui empêche l'âme de retourner auprès de Dieu. Pour les catholiques, la pénitence doit conduire au pardon des péchés ; chez les cathares, elle les anticipe et, partant, permet de les empêcher.

Il est un interdit plus grand encore pour les cathares (si tant est qu'on puisse établir à leur propos une hiérarchie des péchés), c'est bien sûr celui de tuer. Tuer un homme, c'est condamner une âme à se réincarner dans une nouvelle tunique de peau, une nouvelle prison de chair, la condamnant à ce cycle des incarnations qui lui interdit de retourner au ciel de Dieu. Pour leur contemporain, ce fut une attitude remarquable et remarquée car cette non-violence absolue s'appliquait également à leurs persécuteurs. Sans doute justifiaient-ils qu'on puisse se défendre contre un agresseur mais il fallait éviter le plus possible le moindre accès de violence. Les Bons hommes s'interdisaient également le mensonge et le serment, si bien qu'une fois tombés aux mains de l'Inquisition, leur sort était inéluctablement scellé. Ne pas mentir, c'était reconnaître aussitôt devant l'inquisiteur qu'ils étaient bien des hérétiques sans rien dissimuler de leur foi. Ne pas jurer, c'était s'interdire d'abjurer leurs « erreurs » pour prêter serment de fidélité à l'Église. La non-violence, enfin, les poussait à ne pas combattre les croisés. Voilà qui explique ces effroyables bûchers et qui n'a pas manqué de fasciner. À Montségur comme ailleurs, les Parfaits ne participèrent pas aux combats et, quand ils furent pris, ils n'opposèrent d'autre résistance que l'espérance de faire bientôt leur salut. C'est aussi ce qui a fait dire à beaucoup d'historiens que le catharisme contenait en lui-même, dans l'application stricte de ses préceptes, les raisons de sa disparition.

Les Bons hommes, prêtres et moines

Une fois ordonné, le Parfait revêtait l'habit religieux, une robe noire pareille à celle de nombreux ordres monastiques, ceint d'une ceinture à laquelle était attaché un étui renfermant l'évangile de Jean. Les hommes portaient la barbe et les cheveux longs, les femmes en revanche étaient habillées comme leurs contemporaines. Tous vivaient en communauté, communautés d'hommes et communautés de femmes parfaitement distinctes bien sûr, au sein desquelles ils vivaient le mieux qu'il fût possible les préceptes des Bons chrétiens. Mais il leur incombait d'œuvrer à un constant apostolat auprès des populations et ils devaient toujours être prêts à se rendre auprès d'un croyant malade qui aurait demandé à recevoir le *consolament*. S'astreignant à une règle de vie en communauté sans cesser d'être « dans le monde », les Bons hommes formaient donc un clergé tout à la fois régulier et séculier et étaient tout autant prêtres et moines.

Les « maisons » des Bons hommes ne ressemblaient en rien à des monastères. Elles étaient des maisons comme les autres et c'était le plus souvent la maison de l'un ou de l'une d'entre eux qui s'était dépouillé de ses biens et qui avait mis sa demeure à la disposition de ses frères. Pas de « clôture » au sens monastique du terme, ce sont des maisons ouvertes, participant de la vie villageoise. Pas d'église ni de temple ou de chapelle, tout au plus un lieu de prières réservé, sans décor particulier, sans iconographie ni statuaire symboliques. Ces maisons étaient aussi un lieu d'étude, elles renfermaient certainement une bibliothèque avec les Saintes Écritures et les ouvrages présentés plus haut, et certainement beaucoup d'autres qui ont disparu depuis. La vie y était rythmée par des temps de prière et d'adoration mais pas selon le rythme régulier des monastères avec les « heures » et les différents offices divins. Les Bons hommes avaient pour seule véritable prière le *Pater* qui contenait l'essentiel de leur foi et quelques *Adoremus*. Ni messe ni liturgie en revanche. À table, le repas frugal était l'occasion de bénir et partager le « pain de vie » et de commémorer le dernier repas du Christ. C'était un rite, nous l'avons dit, un « bénédicité », et nullement un sacrement eucharistique ; reste que le pain, simple aliment, revêtait tout de même pour eux une grande valeur symbolique.

Autre rite qui avait lieu dans les maisons des Bons hommes, celui de *l'aparelhament*, ou du *servicium*, sorte de confession publique et collective au cours de laquelle chacun d'eux était invité régulièrement, en présence d'un diacre, à demander l'aide spirituelle des autres pour lutter plus efficacement contre les fautes qu'il avait pu commettre. Cette pratique n'est pas étrangère à l'Église catholique qui, lors de la messe, demande à chacun des participants de se confesser. Dans le cas des cathares, cette confession fraternelle et collective devait aider à lutter contre les tentations, ce qui montre bien que l'existence du Bon homme était un combat de tous les instants pour demeurer pur. Il ne s'agissait toutefois d'entendre et d'absoudre que des fautes sans gravité, des péchés véniels. Une faute lourde entraînait l'obligation de recevoir à nouveau le *consolament*.

Durant le bref âge d'or du catharisme, dans les années qui ont précédé la croisade, certaines de ces maisons de Bons hommes devaient servir d'auberge, à la manière des « hôtelleries » conventuelles, accueillant les croyants et les Parfaits itinérants. D'autres ont dû servir d'hôpital, particulièrement les maisons des Bonnes dames. Tant que les persécutions n'avaient pas commencé, il devait exister un grand nombre de ces maisons, et l'on sait que c'est dans le Lauragais qu'on en trouvait le plus. La plupart des *castrum*, ces bourgs fortifiés du Languedoc, devaient en posséder une, voire plusieurs, à en juger par le nombre d'hérétiques brûlés dans une même ville, comme ce fut le cas à Minerve. La croisade ayant déjà commencé, de très nombreux Bons hommes et Bonnes dames étaient venus se réfugier à Minerve, mais il est certain que la ville en accueillait ordinairement plusieurs dizaines. Et puisque ces maisons n'étaient pas « fermées », on devine bien que le catharisme a dû vivre pleinement au cœur des populations.

Et ce d'autant mieux que les maisons des Bons hommes participaient de la vie économique de ces villages, les cathares ne répugnant pas au travail. Bien au contraire, il l'encourageait et tous mettaient un point d'honneur à exercer une activité professionnelle. Non pas le travail de la terre comme souvent dans la vie monastique, et moins encore l'élevage des animaux, mais plutôt l'artisanat et le commerce. De très nombreux cathares étaient tisserands, c'est pourquoi le terme a servi longtemps à les désigner. Ils pouvaient être également cellier, vanneur, charpentier, cordonnier... et très souvent, ils s'adonnaient au commerce pour la raison simple que celui-ci leur permettait de voyager de foire en foire, et donc d'en profiter pour exercer leur apostolat itinérant.

Cette inlassable prédication, ces constantes pérégrinations de village en village expliquent l'essor du catharisme. Les Parfaits allaient deux par deux, chaque Bon homme avait son *socius*, prêchant leur vision du salut à qui souhaitait les entendre. Leur enseignement a pu être facilement reçu parce qu'il se faisait dans la langue des populations concernées. Pour les auditeurs, nul doute qu'il s'agissait d'écouter un message autrement plus compréhensible et plus clair que la messe du curé durant laquelle ils participaient au « mystère » de l'eucharistie, un mystère d'autant plus obscur qu'il se disait en latin. Les Bons hommes, eux, leur parlaient simplement, usant de paraboles comprises par tous. Donnons pour exemple cette petite fable destinée à expliquer la métempsychose : « Un homme avait été cheval dans une autre vie et alors qu'il voyageait avec un compagnon, il reconnut un endroit sur le chemin où autrefois il avait perdu l'un de ses fers. Les deux hommes se mirent à chercher dans les herbes et finirent par retrouver, tout rouillé, le fer perdu »… Mieux encore que ces fables souvent naïves, c'est leur humilité, leur modestie affichée et réelle, leur conduite, l'impression qu'ils donnaient aux autres d'être de vrais chrétiens – ce qu'ils désiraient être plus que tout – qui a dû leur assurer ce si vaste et attentif auditoire.

De cette existence des Parfaits, comme celle des croyants (dont nous avons vu que la frontière était assez floue entre le peuple des fidèles de l'Église chrétienne et les « croyants » cathares), nous n'avons qu'une connaissance incertaine pour les raisons déjà établies plus haut, à savoir le manque de sources écrites. Il faut aussi dire que les interrogatoires et les dépositions recueillies par l'Inquisition, qui sont les seuls témoignages nous présentant la vie des cathares, interviennent à un moment du catharisme ou celui-ci, en proie aux persécutions, a dû considérablement modifier – du moins en apparence – ses modes de vie et ses pratiques. S'ils s'abandonnaient assez facilement, comme on l'a vu, aux flammes du bûcher, cela ne signifie pas qu'ils venaient de leur propre chef se livrer aux inquisiteurs dans l'intérêt bien compris d'en finir une fois pour toutes avec cette vie terrestre. Bien au contraire, agir de la sorte c'était risquer inévitablement que se rompt la chaîne des Bons hommes, « vrais chrétiens » et seul intercesseurs du salut des âmes. Aussi les cathares sont ils entrés à ce moment de leur histoire dans une certaine clandestinité, plus ou moins grande selon les progrès de la croisade. Ils abandonnèrent vite l'habit religieux, la barbe et les cheveux longs, ils manifestèrent avec moins d'ostentation les signes extérieurs de leur religion et rechignèrent moins par exemple à une certaine « mixité ». C'est pourquoi le catharisme antérieur aux débuts de la croisade nous est si mal connu. À tel point que, malgré le travail des historiens, ce que nous croyons savoir de lui est si modeste qu'une certaine ignorance a permis que toutes sortes d'interprétations en soient données et qu'on ait, aujourd'hui encore, une vision imprécise ou erronée de cette dissidence religieuse, de cet autre christianisme de l'Occident médiéval.

TROISIÈME PARTIE

UNE MÉMOIRE TOUJOURS VIVE

CHAPITRE VIII

Les cathares redécouverts

Disparus « corps et âmes » dans les premières années du XIIIe siècle, les cathares semblent n'avoir jamais été aussi présents dans notre histoire et dans la mémoire collective. Ce n'est pas la moindre des idées reçues que le catharisme perdurerait au-delà du souvenir, suivant une filiation ininterrompue, et connaîtrait aujourd'hui l'élan d'une nouvelle vitalité.

La croisade contre les Albigeois serait une page cruelle de l'histoire de France qui n'aurait jamais été définitivement tournée et, après en avoir évoqué les différents épisodes, après avoir exposé les éléments que nous pouvons connaître avec certitude de la religion cathare, il faut maintenant présenter les autres visages du catharisme, ceux qui sont apparus longtemps après qu'ait été brûlé le dernier Parfait. Longtemps après car un long silence a suivi le crépitement du dernier bûcher, seule demeurant dans la mémoire l'épopée d'une croisade contre les Albigeois qui n'avait somme toute duré que vingt ans – ce qui est peu dans la durée d'une histoire séculaire. Quelques textes contemporains de cet épisode ont toujours servi à en fixer le récit, à commencer par l'*Historia Albigensis* de Pierre des-Vaux-de-Cernay, compagnon de Simon de Montfort et donc partial dans son récit destiné à soutenir et justifier la croisade. Guillaume de Tudèle, un clerc originaire de Navarre, nous a laissé une *Canso, la Chanson de la croisade contre les Albigeois,* dont la deuxième partie a été poursuivie par un auteur anonyme. Enfin, le chapelain du comte de Toulouse, Guillaume de Puylaurens, a lui aussi écrit une *Chronique*, suivie des *Gestes glorieux des Français de l'an 1202 à l'an 1311,* qui disent suffisamment bien que cette œuvre, comme les deux autres, constitue une sorte de « défense et illustration » de la croisade. C'est à partir de ces textes que sera écrite l'histoire de la croisade contre les Albigeois, avant que le catharisme ne soit redécouvert au XIXe siècle.

Le « grand chant » occitan de Napoléon Peyrat

Jamais dissipé, le souvenir du catharisme et de sa persécution fut en grande partie entretenu par ceux qui s'estimèrent (à juste titre) victimes d'une même persécution : les protestants. En 1846, *les Albigeois* d'Henri Moulignier présentait clairement les cathares comme les précurseurs de Luther, une thèse toutefois nuancée par l'*Histoire et doctrine de la secte des cathares ou Albigeois* de Charles

Schmidt, professeur de théologie à la faculté et au séminaire protestant de Strasbourg. Auparavant, le débat religieux avait surgi avec un certain Quatresou de Parctelaine qui, dans son *Histoire de la guerre contre les Albigeois,* n'hésitait pas à présenter l'hérésie cathare comme « le premier effort de l'esprit humain pour s'affranchir du joug absurde et intolérable du clergé du Moyen Âge. » Plus virulent encore, en 1864, Amédée Gouet dans sa *Croisade contre les Albigeois* s'en prenait à « tous les héros de sacristie, tous les échappés de couvent, abjectes recrues de la fainéantise et de l'ignominie… » Tous ces ouvrages n'avaient toutefois qu'une audience restreinte avant que les hérétiques cathares ne réapparaissent magistralement, en pleine lumière du romantisme.

Le premier à véritablement sortir de l'oubli les hérétiques cathares fut un pasteur protestant originaire de l'Ariège, Napoléon Peyrat, qui publia les trois premiers volumes de son *Histoire des Albigeois* entre 1870 et 1872. Deux autres volumes suivront, en 1880 puis 1882 pour le dernier, un an après sa mort. Que Napoléon Peyrat fût protestant n'est bien sûr pas étranger à l'œuvre de réhabilitation qu'il entreprit, son souci étant de redonner leur véritable place à ces chrétiens persécutés par l'Église, comme le seront pas la suite les huguenots – dont il prit la défense dans ses premiers travaux consacrés aux camisards cévenols. La générosité exaltée de Napoléon Peyrat le convainquit qu'il était lui-même descendant d'une grande famille d'hérétiques cathares. Peyrat fit œuvre d'historien, c'est indéniable, et il fut l'un des premiers à utiliser les registres de l'Inquisition comme une source scientifique. Mais cet ami de Michelet (on le surnommera d'ailleurs le « Michelet du Midi ») fut un historien de son temps, profondément emprunt de romantisme. Chez lui, la rigueur historique s'efface vite devant les grandes envolées lyriques et généreuses. Il suffit pour s'en convaincre de citer quelques lignes parmi toutes celles qu'il consacra à Montségur :

« Montségur est le sanctuaire, la forteresse et le sépulcre des Albigeois. […] Salut, m'écriai-je en sanglotant, porte sainte, maison des Purs, demeure des Parfaits, sanctuaire de l'Évangile et de la Patrie romane ! Et, tombant à genoux, je collai mes lèvres sur ce seuil foulé par les pieds de tant de héros et de martyrs. Je n'oublie pas leurs erreurs, dis-je à mes compagnons un peu surpris de la ferveur de mon hommage filial. Ils s'égarèrent, mais au-dessus de l'Évangile et de l'Humanité. Ils se perdirent, mais dans la lumière et l'idéal. Ils firent naufrage, mais dans le ciel. Et nous sommes échoués dans un cloaque ! […] Montségur est notre capitale sauvage ! Montségur est notre tabernacle aérien ! […] La haine soufflait de Rome, l'amour soufflait et rayonnait de Montségur. Voilà pourquoi cette roche foudroyée est auguste et vénérable et glorieuse dans les siècles. »

Quand il publia sa somme sur les Albigeois, Peyrat arriva un peu tard : le romantisme n'était plus de mise et les historiens « sérieux » de l'Université, désormais soucieux de travailler suivant une démarche scientifique et « positiviste », firent un accueil glacial aux thèses enflammées du pasteur. Mais au moins celui-ci avait-il remis les cathares depuis longtemps oubliés sur le devant de la scène. Autre élément important : la scène était régionale et Napoléon Peyrat était un fervent défenseur de la culture occitane, qui renaissait alors également sous les auspices du Félibrige, cette organisation littéraire fondée par Frédéric Mistral afin de sauvegarder et de promouvoir la langue et la culture d'oc. « La langue romane était mon idiome habituel [écrira-t-il], je n'ai pas oublié cette douce langue natale et maternelle, proscrite par Rome comme hérétique avec les Albigeois, les héros, les martyrs. »

En 1876, Peyrat prit toutefois ses distances avec Mistral qu'il jugeait trop catholique et trop nostalgique de l'Ancien régime. Il fonda alors un « Félibrige rouge » fortement teinté de républicanisme et d'anticléricalisme. À la suite de Napoléon Peyrat, on vit apparaître des journaux tels la Cigale, la Lauseto (« l'alouette ») ou le Languedoc, tous fondés par l'un de ses disciples, Louis-Xavier de Ricard, et dont les colonnes accueillaient les manifestes pour le « relèvement de la patrie albigeoise ». Dans la seconde moitié du XIXᵉ siècle, la renaissance du catharisme allait donc de pair avec la naissance du régionalisme occitan, la première servant de marqueur culturel et identitaire au second. Cette Occitanie était alors résolument républicaine et profondément anticléricale, dans la parfaite orthodoxie légendaire du « Midi rouge ».

Des cercles d'études, tout à la fois littéraires et politiques, virent également le jour, comme l'Académie Raymondine. La défense de la langue occitane s'accompagnait d'une farouche revendication régionaliste et déjà, la croisade des Albigeois commençait à être instrumentalisée. Ce fut notamment l'occasion de luttes épiques quand l'Église envisagea de canoniser les « martyrs » d'Avignonnet, à savoir les deux inquisiteurs assassinés par les hommes descendus de Montségur. Les Félibres ariégeois firent reculer les autorités ecclésiastiques et poursuivirent leur combat anticlérical et « pro-cathares ». Quand il fut question peu après de la canonisation de Jeanne d'Arc, ils exigèrent que « l'hérétique » Esclarmonde de Foix fût elle aussi honorée et qu'une statue soit dressée à Montségur pour célébrer cette « Jeanne d'Oc » ! Cette fois, le projet échoua… Mais le ton était donné. Après Napoléon Peyrat, la dissidence religieuse du XIIIe siècle devint dans le Midi de la France un argument récurrent dans les querelles politiques et religieuses qui agitaient une république en construction, jacobine et laïque. Quand, en 1907, la grande révolte viticole du Midi consécutive à une grave crise de surproduction éclata, les vignerons se trouvèrent un chef charismatique en la personne d'un cafetier de l'Aude, Marcellin Albert, « le prêcheur des platanes », que les journaux présentèrent comme un nouvel « apôtre ». Dans le même temps, Clemenceau était figuré, lui, en nouveau Montfort persécuteur du Midi. Quand le président du Conseil envoya la troupe mâter la rébellion, on l'accusa de lancer une autre croisade… d'autant plus que Clemenceau fit consigner les régiments locaux pour faire venir des troupes étrangères aux passions locales. L'identification aux cathares fut réelle dans les grandes manifestations de Carcassonne et elle s'accrut encore quand la troupe tira sur la foule à Narbonne, faisant six morts. Aux côtés de Marcellin Albert se trouvait le maire de Narbonne, Ernest Ferroul, premier maire socialiste de France et grande figure des luttes sociales. Celui-ci aimait à rappeler aux journalistes que, lorsqu'il était élève au petit séminaire de Carcassonne, il crachait sur la tombe de Simon de Montfort… Un disciple de Napoléon Peyrat ramena même de Montségur une pierre, « la pierre de Montfort » (qui, rappelons-le, trouva la mort sous les murs de Toulouse par un jet de pierre) destinée… à Clemenceau !

Ce premier regain d'intérêt pour le catharisme, qui s'exprime dans le champ politique et religieux, participe d'un mouvement plus vaste de « réinvestissement mémoriel » et de construction des identités régionales qui n'est pas propre au Languedoc. La Bretagne connut le même phénomène et ce qui y est aujourd'hui présenté comme la survivance tenace d'une culture séculaire est en grande part une « reconstruction » du XIXe siècle. C'est l'époque où fleurissent les « sociétés savantes », animées par les érudits locaux et qui compte dans leur rang de nombreux hommes d'Église. On se pique de patrimoine (invention récente elle aussi !), d'archéologie, de toponymie, de généalogie et d'étymologie, de langues vernaculaires et de folklore. On redécouvre des cultures populaires, vaste mouvement de réappropriation d'un fonds très ancien et presque perdu, étouffé par une culture nationale massivement diffusée par l'école républicaine. Et on verra plus loin que, parmi ces érudits locaux, il y avait beaucoup de Bouvard et de Pécuchet…

Napoléon Peyrat fut la figure emblématique de ce renouveau occitan et de cette résurgence romantique du catharisme. Les Félibres rouges en avaient fait leur « aujol », leur « aïeul », « noble semeur des idées écloses en nos âmes » et le vénéraient laïquement comme un maître. En souvenir de lui (Peyrat mourut en 1881), ils fondèrent en 1896 *l'Escolo de Mount-Ségur*, l'« École de Montségur », dont la revue souhaitait « s'abreuver à la source amère et fortifiante de l'histoire si mal connue et tellement falsifiée de la terre d'oc ». Ainsi le poète et journaliste Louis-Xavier de Ricard a-t-il pu écrire de Napoléon Peyrat qu'il « rêvait toute la Renaissance du Midi, je dis toute, c'est-à-dire la Renaissance dialectale et littéraire, autant que la Renaissance politique. Venu avant la Révolution qui, selon lui, a réconcilié dans le droit nouveau la France du Midi et la France du Nord, il eût été séparatiste. Le Languedoc [a-t-il écrit] a été la Pologne des Capétiens ».

Saint Esprit et spiritisme...

Les continuateurs de Napoléon Peyrat seront légion et, après lui, l'Occitanie cathare connaîtra une faveur jamais démentie. Mais beaucoup de ceux qui s'empareront du thème cathare le feront dans une optique qui dépassera de loin la réalité d'une dissidence religieuse du XIIIᵉ siècle ; contre toute attente, le dualisme cathare allait être emporté par la vague de l'occultisme et de l'ésotérisme. L'époque était propice pour cela, la seconde moitié du XIXᵉ siècle ayant vu fleurir une impressionnante quantité de sociétés plus ou moins secrètes où l'on pratiquait toute sorte de rites empruntés à la franc-maçonnerie, aux Rose-Croix, au spiritisme... Cette floraison de spiritualités diverses et variées se copiant les unes les autres vit le pire côtoyer le meilleur, de sincères et profondes spéculations intellectuelles voisinant avec les plus affligeantes sottises. Les cathares – bien malgré eux – n'allaient pas échapper à cette vogue.

Un archiviste originaire de l'Allier, Jules Doinel, sera le premier à ressusciter d'une étrange manière l'Église des Bons hommes en fondant, en 1890, l'Église gnostique universelle. Franc-maçon, féru d'histoire médiévale et passionné d'occultisme, Doinel était également fin connaisseur de la gnose chrétienne et il en vint à se persuader que les hérétiques albigeois n'étaient rien moins que les héritiers de cette gnose, cette connaissance de Dieu révélée par une lecture des Écritures dont les clefs seraient réservées à quelques initiés. Vaste et très sérieux sujet d'étude, la gnose a de tout temps suscité une abondante et érudite littérature qu'il ne s'agit pas ici de dénigrer, mais Doinel apportera à l'édifice, comme beaucoup d'autres, une pierre bien singulière… Ce qui présida à la fondation de son Église gnostique universelle fut une « banale » séance de spiritisme au cours de laquelle Doinel fut mis en relation avec « l'Éternel Androgyne », la « Pensée de Dieu », qui lui envoya le « Paraclet », le priant d'instituer une Église gnostique. Lors d'une autre séance, il entra en communication avec Guilhabert de Castres, l'évêque cathare de Toulouse qui périt dans les flammes de Montségur… Enfin, en septembre 1889, ce ne sont pas moins de quarante Parfaits qui s'adressèrent à lui ! Ils formèrent ensemble le « Très Haut Synode des Évêques du Paraclet », sous la conduite du même Guilhabert de Castres, lequel demanda une nouvelle fois à Doinel de fonder son Église.

Il n'en fallut pas davantage pour que Jules Doinel répondît favorablement. Il en profita pour déclarer que l'année 1890 serait l'an I de « l'Ère de la Gnose Restaurée »… Devenu Patriarche de son Église sous le nom de Valentin II, Doinel consacra évêques certains de ses disciples, lesquels à leur tour prirent chacun un nom mystique précédé de la lettre grecque « tau » (qui représente la Croix grecque ou l'Ankh éyptien). Ainsi Gérard d'Encausse (Papus) devint Tau Vincent, évêque de Toulouse, avec pour coadjuteur Paul Sédir, Tau Paul. Lucien Chamuel, Tau Bardesane, fut fait évêque de La Rochelle et de Saintes. Albert Jounet, Tau Théodote, évêque d'Avignon. Louis-Sophrone Fugairon, Tau Sophronius, évêque de Béziers… L'Église gnostique de Doinel se forgea des rites empruntés à la doctrine théologique de Simon le Magicien et au catharisme, le tout mêlé à un fond de maçonnerie – ce qui lui conférait une allure pour le moins originale.

Dès 1895, Jules Doinel abdiquait pour se convertir au catholicisme, non sans condamner avec véhémence les errements de ses anciens coreligionnaires dans des ouvrages où il brûlait non ce qu'il avait adoré, mais ce qu'il avait lui-même créé ! Léon Fabre des Essart, alors évêque de Bordeaux sous le nom de Tau Synésius, le remplaça dans la charge de Patriarche. Mais, en 1900, nouveau revirement de Jules Doinel : il demanda à être réconcilié avec l'Église Gnostique. Réintégré, il devint Tau Jules, évêque d'Alet et de Mirepoix. L'Église gnostique connut une certaine audience. D'autres évêchés furent créés à Lyon, à Versailles, et aussi en Italie, en Belgique et en Pologne. D'éminentes personnalités du monde ésotérique s'en rapprochèrent, comme René Guénon (Tau Palingenius) ou Déodat Roché, qui consacrera une grande part de son existence aux cathares, à l'étude de leur doctrine, travaillant sans relâche à en réhabiliter la mémoire. Faisant flèche de tout bois, Déodat Roché n'abandonnera pas les théories gnostiques ou occultistes, mais dans le même temps, il encouragera toujours une approche plus « savante » du phénomène cathare, prémices d'une véritable recherche scientifique sur le sujet.

En 1901, Déodat Roché devint diacre de l'Église gnostique universelle sous le nom de Theodotos. Deux ans plus tard, il fut ordonné « évêque » de Carcassonne, « Tau Theodotos ». Depuis plusieurs années déjà, il fréquentait les cercles occultistes et ésotériques et était lié à Papus ; ses origines audoises (il naquit à Arques en 1877) avaient éveillé tôt en lui l'amour de la patrie occitane comme la conscience d'appartenir à un peuple persécuté. Devenu magistrat à Carcassonne, il participa activement à la vie intellectuelle et politique de la ville sans jamais se départir de sa passion pour l'occultisme qui l'inclinait toujours plus à considérer les cathares comme de discrets et silencieux possesseurs d'une connaissance transmise depuis des siècles. Il se rapprocha de Rudolph Steiner, philosophe et occultiste, et devint membre de la Société anthroposophique dans les années 1920. Mais ce n'est qu'après la Seconde Guerre mondiale que Déodat Roché – déjà âgé – donna la pleine mesure de sa passion pour le catharisme. Il avait entre-temps regroupé autour de lui des élèves, pour ne pas dire des disciples, dont beaucoup commençaient d'appréhender le catharisme avec les outils de l'histoire moderne plutôt que sous le voile opaque de l'occultisme. Avec eux, il fit paraître en 1948 le premier numéro des *Cahiers d'études cathares*. En avril 1950, il fonda la Société du souvenir et des études cathares. C'est à l'initiative de celle-ci que sera placée au pied de Montségur la stèle commémorative du supplice des Bons hommes. Inaugurée en mai 1961, la stèle porte ces quelques mots gravés : *« Als catars, als martirs del pur amor crestian »* (« Aux cathares, aux martyres du pur amour chrétien »). À côté de sa Société, Déodat Roché anima des séminaires, des camps d'été qui étaient autant d'occasions de randonnées vers Montségur pour y aller méditer. Autour de lui se constitua donc une véritable communauté, toute une nébuleuse de chercheurs et de passionnés en quête de spiritualité ou de savoir historique, tant et si bien qu'il fut véritablement le grand initiateur d'un renouveau cathare. Si le catharisme était encore perçu à travers les filtres opaques de l'ésotérisme ou de la gnose, déjà, la recherche scientifique et historique s'annonçait – qui avait toutefois fort à faire encore pour se débarrasser des conceptions brouillonnes et confuses de l'occultisme.

À la même époque, un autre personnage singulier et attachant allait durablement marquer le renouveau du catharisme : Antonin Gadal. Né en 1887, à Tarascon-sur-Ariège, Antonin Gadal fut vite envoûté par les mystérieuses beautés du pays cathare. Influencé par Napoléon Peyrat et nourri au lait de son épopée romantique, il voulut à son tour s'initier au « message » des Bons hommes car il était convaincu que ceux-ci n'avaient été que le maillon d'une longue chaîne spirituelle qui avait perpétué un secret, un « Graal » mystique, qu'il se fit fort de retrouver. Instituteur et historien, il fouilla les archives, éplucha les registres de l'Inquisition mis à sa disposition, se forgea une culture profonde du catharisme sans se départir toutefois d'un goût immodéré pour l'éso-térisme. Puisque le mystère qui entourait les cathares était profond, Antonin Gadal se convainquit qu'il fallait creuser... sous terre !

Nul mieux que lui ne connaissait les innombrables grottes du Sabarthès. Il se fit même guide au syndicat d'initiatives de Tarascon et arpenta le moindre arpent de ces collines censées abriter le Graal. Il en était sûr : tout comme les premières communautés chrétiennes avaient trouvé refuge dans la pénombre des catacombes, les cathares avaient enfoui leur secret non loin de Montségur. Il lui appartenait de le découvrir et sa quête inlassable fut confortée par une évidence : son nom même de Gadal n'était-il pas une altération toute symbolique de Galaad, le mythique chevalier de la table ronde ?... Des membres de la Rose-Croix se mêlèrent un temps à ses recherches ; Gadal se fit à son tour rosicrucien et devint le premier président du *Lectorium Rosicrucianum*, l'École de la Rose-Croix d'Or, originaire... des Pays-Bas, qui prétend toujours s'inspirer des antiques mystères chrétiens et notamment des cathares. Antonin Gadal était sincère dans ses recherches et ses convictions et sans doute, sa bienveillance et quelque naïveté lui ont-elles valu d'être abusé par de faux mystiques. Toujours est-il qu'il reste aujourd'hui encore une référence pour tous ceux qui poursuivent la quête du Graal au pied de Montségur.

Les historiens s'en mêlent

Parmi les passionnés qui s'attachèrent à Déodat Roché et participèrent activement aux travaux de la Société du souvenir et des études cathares se trouvaient ceux qui allaient orienter les recherches vers le terrain de la science historique. Le premier d'entre eux fut René Nelli. Poète, philosophe, romancier mais aussi ethnographe, il était « entré en catharisme » comme on « entre en poésie ». Collaborateur aux célèbres *Cahiers du Sud,* ami de Joë Bousquet et des surréalistes, grand connaisseur de la culture occitane (il naquit en 1906 à Carcassonne) et universitaire éminent (ses travaux sur l'*Érotique des troubadours* firent longtemps autorité), René Nelli ne s'abandonna pas au mysticisme qui avait cours dans les cercles « néo-cathares ». Il les fréquenta, y trouva les matériaux divers qui lui permirent d'envisager le catharisme dans toutes ses dimensions, y compris sa dimension poétique. Il fut surtout l'un des premiers à puiser dans le fonds si modeste des manuscrits retrouvés récemment et de les réunir en un seul volume, traduit en français, offrant par là l'opportunité nouvelle de découvrir la religion cathare à sa source la plus pure.

Un tournant décisif eut lieu dans le courant des années 1970 quand René Nelli imagina la création d'un Centre d'études cathares qui réunirait les rares spécialistes en ce domaine. Le projet aurait pu rester lettre morte si les circonstances politiques n'avaient pas été favorables. En effet, les élus locaux s'interrogeaient sur les actions à mettre en œuvre pour donner une identité culturelle forte à la région afin de mieux faire profiter l'arrière-pays du flot touristique qui « méprisait » le pays cathare pour se ruer sur le littoral. Le 1er mars 1982 naissait donc, sous les auspices du Conseil général de l'Aude et de la Mission interministérielle d'aménagement du Languedoc-Roussillon, le Centre national d'études cathares, confié à la présidence d'Anne Brenon, une structure quasi universitaire dont la mission première sera de mettre à la portée du grand public la réalité du catharisme, non sans l'avoir préalablement débarrassée de sa gangue mystique comme des interprétations vieillies et partisanes. Dès 1983 paraissait la revue *Heresis* qui allait contribuer à donner du catharisme une vision scientifique, loin des querelles et des passions.

Une telle structure s'imposait d'autant plus que, depuis plusieurs années, l'attente du public était bien réelle. La curiosité avait été suscitée… par la télévision et la diffusion en 1966 des deux dernières émissions de la célèbre série historique d'Alain Decaux et Stellio Lorenzi, « La caméra explore le temps », consacrées aux cathares. Le succès fut immense et faisait écho au non moins grand succès du livre de Zoé Oldenbourg, *le Bûcher de Montségur.* Il était clair que le grand public était impatient de se voir proposer enfin des exposés qui fussent à la fois vulgarisateurs et scientifiquement étayés. C'est aussi ce que faisait le journaliste Michel Roquebert, qui publiait en feuilletons dans la *Dépêche du Midi* une « épopée cathare ». Ces feuilletons journalistiques allaient bientôt être rassemblés en une véritable « somme » qui fait toujours autorité aujourd'hui.

Il faut aussi mentionner les travaux d'un autre historien, Jean Duvernoy, qui poursuivit l'œuvre de traduction de René Nelly et s'imposa incontestablement comme le grand spécialiste de la question. C'est grâce à lui que l'on a « redécouvert » le registre d'inquisition de Jacques Fournier car il en a proposé pour la première fois une traduction en français. À partir de ce registre d'Inquisition, le grand historien Emmanuel Leroy-Ladurie écrivit son célèbre *Montaillou, village occitan,* paru en 1975.

Désormais, le catharisme occitan pouvait donc être pris en charge par la recherche scientifique, ce qui n'empêcha pas pour autant qu'il soit investi par énormément de passion. Il s'ensuivit des querelles, des controverses, si bien que les travaux scientifiques restèrent confinés à un public restreint tandis que le catharisme continuait à susciter des interprétations divergentes et âprement disputées, laissant le champ libre aux idées reçues qui seront l'occasion d'autant de débats, sur le plan politique et religieux.

Chapitre IX

Idées reçues

« Les Provençaux, arrivés alors au terme le plus élevé de leur civilisation, regardaient les Français du Nord comme des Barbares. Chez eux, les commerces et les arts avaient fait des progrès rapides. Leurs villes étaient riches et industrieuses et chaque jour, elles obtenaient de leurs seigneurs de nouveaux privilèges.

Les villes […] étaient toutes gouvernées selon des formes à peu près républicaines par des consuls nommés par le peuple.

Jamais la poésie n'avait été cultivée avec plus de zèle. Presque tous les troubadours dont les noms sont restés célèbres pendant six siècles et dont les ouvrages ont été récemment rendus à la lumière appartenaient à l'époque où nous sommes parvenus.

Les Provençaux s'efforçaient de se constituer en corps de nation et de se séparer absolument des Français, auxquels ils étaient inférieurs dans l'art de la guerre, mais sur lesquels ils l'emportaient par tous les progrès de la civilisation.

Dans le même temps et les mêmes régions, l'esprit humain brisait les antiques chaînes de la superstition ; les vaudois, les patarins, les Albigeois s'élevaient à une religion plus sûre, ils soumettaient à l'examen des erreurs longtemps consacrées par les fraudes des fourbes et par l'aveugle confiance des peuples.

[…] Cette belle région fut abandonnée aux fureurs de nombreuses hordes de fanatiques […] sa population fut moissonnée par le fer […] son commerce fut détruit, ses arts repoussés dans la barbarie, et son dialecte dégradé du rang d'une langue poétique à celui d'un patois […] Les Provençaux cessèrent de former une nation. »

Jean Charles Simonde de Sismondi,
Histoire des Français, tome VI, 1823.

La fin de l'Occitanie ?

Les cathares n'ont été redécouverts qu'au gré d'une lente Renaissance occitane au cours de laquelle on exhumait une langue, une culture, des pans entiers d'une civilisation brillante à laquelle ils auraient pris leur part. C'est une idée largement répandue et aujourd'hui encore, constitutive d'une identité régionale : la croisade contre les Albigeois menée avec une violence inouïe de 1209 à 1229 n'a été que le prétexte à une entreprise plus vaste de conquête, celle du Midi par les féodaux français. La thèse a été soutenue avec tant de véhémence dès le XIXe siècle qu'elle s'est imposée dans les esprits, reléguant presque au rang de simple alibi la lutte de l'Église contre l'hérésie. Pour les historiens du XIXe siècle, il s'agissait de dénoncer non seulement les menées théocratiques d'une Église toute puissante, mais également les ambitions impérialistes de la Couronne de France, qui sut tirer profit de la croisade pour « coloniser » le Sud. Celui-ci aurait connu un âge d'or qui prit fin par l'irruption brutale des croisés ; la non-violence des cathares devenait celle de toutes les populations du Midi, foncièrement pacifiques, immolées sur l'autel des ambitions féodales des capétiens. La longue citation placée au début de ce chapitre donne le ton de tout un courant historique qui présenta la croisade contre les Albigeois comme une conquête qui aurait sonné le glas d'une brillante civilisation méridionale. Le même Sismondi d'ailleurs poursuit ainsi : « Éclairés de trop bonne heure, marchant trop rapidement dans la voie de la civilisation, ces peuples excitèrent la jalousie et l'aversion des barbares qui les entouraient. La lutte s'engagea entre les ennemis des ténèbres et ceux des lumières, entre les fauteurs du despotisme et ceux de la liberté. »

Dès lors, le combat mené par Rome contre les cathares n'est plus qu'un alibi. Le vrai drame ne fut pas la lutte inégale entre l'hérésie et l'orthodoxie, mais celle qui opposa dans un « choc des civilisations » les barbares francs et la culture raffinée gallo-romaine, l'obscurantisme du Nord et les clartés du Sud. Cette civilisation idéalisée n'est pas seulement celle des troubadours, elle est celle de ces grandes villes, Toulouse, Béziers, Carcassonne, où se seraient échafaudées les structures municipales qui annoncent la démocratie républicaine, où s'élaborait un autre mode de gouvernement qui menaçait de saper les bases de la féodalité. L'historien François Guizot, qui était Nîmois, opposait ainsi « la France féodale et la France municipale ». Ce n'est donc pas seulement la croisade qui était instrumentalisée, mais le Midi dans son ensemble, à des fins partisanes et le plus souvent républicaines. Présenté de la sorte, le grand conflit qui a opposé le Nord et le Sud était une manière pour beaucoup de ces historiens de contourner la censure de la monarchie sous la Restauration pour mieux s'en prendre à l'absolutisme et à la réaction catholique des « ultras » sous Charles X.

Il restait par la suite à tous les chantres de la Provence et du Midi, aux thuriféraires de l'Occitanie à se saisir du mythe pour l'amplifier et écrire la « geste » d'une grande nation victime tout à la fois du fanatisme romain et de la cruauté des gens du Nord. Comme le grand Frédéric Mistral qui écrivait en 1866 dans la préface à l'un de ses poèmes à propos de la croisade et de ses conséquences : « La sève autochtone qui s'était épanouie en une poésie neuve, élégante et chevaleresque, la hardiesse méridionale qui émancipait déjà la pensée et la science, l'élan municipal qui avait fait de nos cités autant de répliques, la vie publique enfin circulant à grands flots dans toute la nation, toutes ces sources de politesse, d'indépendance et de virilité étaient taries, hélas, pour bien des siècles. »

Cette vision de l'histoire a beau ne plus être de mise, elle continue pourtant à s'insinuer dans les esprits, la thèse du Nord colonisateur d'un Sud martyr étant ressortie régulièrement et les cathares servant à chaque occasion d'étendard du mécontentement. Nous avons évoqué précédemment la grande révolte viticole de 1907 et l'appropriation par les frondeurs du « mythe » de la croisade. Dans les années 1960, un autre grand « tribun vigneron », André Castéra, reprendra « l'argument albigeois » pour justifier la résistance à l'oppression (à savoir les importations de vin algérien), n'hésitant pas à lancer un fameux : « Et s'il le faut, le Languedoc redeviendra cathare ! » Durant la Seconde Guerre mondiale, c'est presque naturellement que la Résistance en Languedoc fut assimilée à la résistance albigeoise. Dans un numéro des *Cahiers du Sud* paru en 1942 et auquel collabora René Nelli, la philosophe Simone Weil donna un article consacré à la

Chanson de la croisade, évoquant « l'agonie d'une civilisation » et brossant du Midi occitan le portrait flatteur d'un pays qui fut « un exemple incomparable d'ordre, de liberté et d'union des classes. L'aptitude à combiner des milieux, des traditions différentes y a produit des fruits uniques et précieux à l'égard de la société comme de la pensée. » Les maquis de la Résistance dans le sud devenaient alors les dignes héritiers des chevaliers faydits du XIIIe siècle. La guerre d'Algérie fut aussi parfois l'occasion – en Languedoc – d'assimiler la résistance à l'oppresseur au drame languedocien.

Les cathares furent de nouveau sous les feux de l'actualité lors de la diffusion à la télévision des deux volets de « La caméra explore le temps »... Il s'en trouva pour estimer que les deux feuilletons contenaient quelque chose de subversif à quelques mois des événements de mai 1968... Le général de Gaulle n'aurait pas apprécié, dit-on, et d'aucuns de voir là les raisons pour lesquelles la célèbre émission s'interrompit définitivement ! Les mouvements régionalistes « post-soixante-huitards » ne furent pas en reste et on vit paraître en 1971 un *Petit livre de l'Occitanie,* un ouvrage collectif et anonyme mais dont la cheville ouvrière fut le poète (et prêtre !) occitaniste Jean Rouquette, alias

Jean Larzac. Le discours autonomiste y était virulent dans le ton comme dans le vocabulaire ; la croisade du XIIIe siècle y était présentée comme un *Anschluss* qui conduisit à une Occupation. Quant à l'Inquisiteur, il n'était rien moins que le suppôt d'une Gestapo ecclésiastique…

À la demande d'Edmond Michelet, ministre de la Culture de Georges Pompidou, l'année 1970 fut l'occasion de célébrer « l'année Saint Louis ». Or, les intentions fort peu laïques de ce très catholique serviteur de l'État n'eurent pas l'heur de plaire à tout le monde, particulièrement dans ce « pays cathare » ou des manifestations houleuses surprirent les pouvoirs publics. La *Dépêche du Midi* parla même du saint roi en des termes peu amènes, Louis IX le « roi voyou » demeurant dans la mémoire régionale, 700 ans après, le bourreau des cathares comme il fut le persécuteur des juifs. En 1973, les militants d'extrême gauche de Lutte occitane parvinrent à rassembler près de 10 000 personnes… à Montségur, incontournable lieu de mémoire ! Quand, en 1979, on s'avisa de commémorer les 750 ans de l'Université de Toulouse, créée par l'Église et le roi pour encadrer les consciences, la réaction des mouvements occitanistes fut telle qu'il fallut renoncer aux festivités. Des étudiants avaient nuitamment placardé sur les murs de l'Université des affiches à l'effigie… d'Esclar-monde de Foix ! On peut également évoquer le cas de ce promoteur immobilier mal inspiré qui vit échouer son projet de construire à Lavaur un lotissement « Montfort ». La même mésaventure arriva à quelques dévots paroissiens qui souhaitèrent doter l'église Saint-Étienne de Toulouse d'un vitrail dédié au même Simon de Montfort. L'appui de l'évêque du lieu ne leur fut pas suffisant.

Nord contre Sud ?

Même s'il faut bien convenir que les polémiques se sont apaisées depuis quelques années, le sujet reste donc sensible. L'étendard du catharisme n'est plus désormais qu'un logo touristique ; aux châteaux cathares (qui sont en fait ceux construits par le roi de France !) sont venus s'ajouter un « rallye cathare », du vin cathare, mais aussi une « gastronomie cathare ». Reste que la question de la conquête brutale du Sud par le Nord est lancinante et qu'il est nécessaire de rétablir ici quelques vérités historiques.

Le traité de Paris, qui mit un terme officiel à la croisade, contenait il est vrai toutes les dispositions qui aboutiraient au rattachement définitif du Languedoc à la Couronne de France. La fille de Raymond VII de Toulouse dut épouser le frère du roi, Alphonse de Poitiers. Raymond VII mourut en 1249 et Alphonse de Poitiers devint donc comte de Toulouse. La huitième croisade fut fatale à Louis IX, qui mourut en 1270, ainsi qu'à Jeanne et Alphonse qui moururent tous les deux en août 1271. Le comté de Toulouse devenait alors une sénéchaussée royale et le Languedoc tombait inéluctablement dans l'escarcelle du nouveau roi de France, Philippe le Hardi. Mais il s'agissait là d'une conséquence des événements dont le cours avait été longtemps incertain et non de l'aboutissement d'un plan politique et militaire. Rappelons que, même s'il espéra vaincre l'hérésie par la prédication, le pape Innocent III s'était dans le même temps patiemment préparé à la croisade. S'il dut attendre plusieurs années pour la déclencher, c'est parce que le roi Philippe Auguste s'obstina à ne pas y participer. La croisade contre les Albigeois fut donc bien une initiative de Rome qui souhaita rassembler les princes chrétiens sous la bannière de l'Église.

Cette croisade se porta donc en des terres que les historiens du XIXᵉ siècle ont un peu hâtivement présentées comme un havre de paix et de prospérité, une Occitanie rêvée où l'harmonie des paysages irait de pair avec celle du chant des troubadours, où la féodalité médiévale s'effaçait devant l'idéal démocratique de villes affranchies et prospères. C'est oublier que ce Midi médiéval était le lieu de toutes les rivalités, un enchevêtrement de fiefs et de vassalités propice aux dissensions et aux conflits perpétuels. Les princes du Midi n'ont pas attendu les barons du Nord pour porter la guerre sur leurs propres terres ! Entre les maisons d'Aragon, de Saint-Gilles (comté de Toulouse) et de Trencavel, la « grande guerre méridionale » fit des ravages. Rappelons seulement l'attitude du comte de Toulouse : il s'était croisé, sans grand enthousiasme il est vrai, mais il assista à la prise de Béziers sans rien dire ainsi qu'à la chute de son allié-rival Trencavel. Dès le début de la croisade, des seigneurs méridionaux s'engagèrent du côté de l'Église. La colonne venue du Quercy pour ravager l'Agenais et dresser le premier bûcher comptait dans ses rangs un grand nombre d'entre eux. L'autre colonne qui descendit la vallée du Rhône grossit à partir de Lyon de beaucoup de seigneurs provençaux. N'oublions pas non plus que c'est cette constante rivalité entre seigneurs du Midi qui favorisa l'implantation de l'hérésie.

Si les villes du Midi ont été ce soi-disant laboratoire de la démocratie comme certains l'ont affirmé, il faut souligner le rôle exact que celles-ci jouèrent durant la croisade.

Toulouse bien sûr résista constamment et on a voulu y voir un état d'esprit, un particularisme, une identité faite de ténacité farouche et de liberté chevillée au corps… Simon de Montfort est mort sous ses murs qu'il ne put jamais prendre ! Mais Narbonne ? Montpellier ? Albi ? Ces villes s'accommodèrent fort bien de la croisade, les municipalités virent là l'occasion, en monnayant leur soutien, de conforter leur autorité et leurs prérogatives. Montfort avaient le plus grand besoin de ces villes et celles-ci le comprirent très vite. Le drame de Béziers ne doit pas occulter une autre réalité : une grande partie du Midi s'associa sans scrupule à la croisade. Le cas d'Albi est édifiant : la ville ouvrit aussitôt ses portes, ne lésina jamais pour apporter son concours à la lutte entreprise. Des Albigeois participèrent à la prise de Lavaur comme au premier siège de Toulouse. On les retrouve sous les murs de Castelnaudary avant qu'Albi ne se range pour un temps sous la bannière du comte de Toulouse. Un temps seulement, au moment le plus favorable. Puis, de nouveau, les Albigeois rejoignirent le camp des croisés pour participer aux sièges d'Avignon, de Cabaret, de Castelsarrasin et de Toulouse encore, en 1229.

Les chevaliers français constituèrent-ils cette « horde barbare » qui déferla sur le Sud pour s'en partager les dépouilles ? Loin s'en faut. Avant tout, il convient d'observer les origines de ces croisés. Comme beaucoup de ses compagnons d'armes, Montfort venait de l'Île de France. Des seigneurs de Normandie, du Poitou, du Maine, de Bretagne, de Champagne participèrent également, tous barons et chevaliers du Nord. Mais on sait qu'il y avait aussi parmi eux des Lorrains, des Bavarois et des Saxons, et même des Italiens. La querelle portant sur le Nord conquérant le Sud a bien l'air d'appartenir davantage aux luttes politiques entreprises contre la République jacobine qu'au Moyen Âge ! Quant à la dépossession des fiefs méridionaux au profit des croisés, elle ne constituait pas la première ou seule motivation des croisés. Certes, les terres étaient exposées en proie, mais il s'agissait de terres d'hérésie et la motivation religieuse était certainement toute aussi forte que la quête d'un butin et de nouvelles terres.

Le grand affrontement du Nord et du Sud qui se serait achevé par le total asservissement de ce dernier n'a donc pas eu lieu et participe du mythe. Un mythe en grande partie forgé au XIXᵉ siècle et réinvesti par la suite par les mouvements régionalistes et identitaires. Il y eut bien un affrontement, mais lors de la croisade contre les

Albigeois, ce ne sont pas deux civilisations, mais plutôt deux féodalités voisines qui se sont combattues.

Manichéens les Cathares ?

« Croyez-vous que Dieu a créé ce monde ? » C'était la question obligatoire que l'Inquisiteur posait à chaque suspect dans l'espoir de confondre aussitôt un hérétique. Les Bons hommes, qui avaient fait vœu de ne jamais mentir, répondaient immanquablement « non » et se désignaient ainsi à leur juge comme manichéens. Car c'est le chef d'accusation que l'Église a constamment retenu contre les hérétiques : ils étaient des manichéens ! Dans son acception actuelle, le mot même de « manichéen » se confond suffisamment avec « dualiste » pour que les deux religions, manichéenne et dualiste, soient aujourd'hui encore considérées comme appartenant à une même tradition. Les cathares, lit-on toujours trop souvent, sont les héritiers de ce manichéisme très ancien ; et puisque l'existence du Mal fonde en grande part le dualisme cathare, un raccourci confortable les inscrit même parfois dans une lignée millénaire qui trouverait sa source dans le zoroastrisme babylonien… Cette idée reçue n'est pas étrangère à certaines élucubrations qui font de la vertigineuse citadelle de Montségur quelque ziggourat mésopotamienne.

Né dans les premières années du IIe siècle en Babylonie, Mani (ou Manès) a forgé une « religion manichéenne » qui a rapidement trouvé une large audience à la cour perse des Sassanides. À la suite de multiples visions, Mani se convainquit qu'il était un prophète, venant après Bouddha, Zoroastre et Jésus et qu'il lui appartenait de réaliser la synthèse de ces différents enseignements. Ce syncrétisme explique le bon accueil que Shappur Ier fit à Mani car la religion que celui-ci prêchait a pu paraître être l'instrument efficace d'une unité religieuse. Mais le manichéisme ne parviendra pas à supplanter le mazdéisme zoroastrien des Perses ; à la mort de Shappur, ses successeurs persécuteront les disciples de Mani qui achèvera son existence dans une prison de Babylone. Les multiples communautés manichéennes avaient toutefois suffisamment essaimé pour garantir à Mani et à ses préceptes une formidable postérité.

Le manichéisme affichait un dualisme radical affirmant la coexistence de deux principes : le Bien et le Mal, la Lumière et les Ténèbres. Une cosmogonie très complexe, empruntée pour une grande part au zoroastrisme, faisait le récit de la lutte perpétuelle entre ces deux principes, une lutte qui conduisait fatalement à la chute d'une partie du Bien sur la terre. En l'homme se serait retrouvée enfermée cette part de divinité qui n'aura de cesse d'aspirer à retrouver la Lumière. Le dualisme s'opère donc dans l'homme qui doit trouver le moyen de libérer la parcelle de nature divine contenue en lui. Il n'y parviendra que par la connaissance et en ce sens, le manichéisme est une gnose, contemporaine des premiers mouvements gnostiques du christianisme naissant. Les Évangiles, et particulièrement celui de Jean mais aussi des textes apocryphes, contiennent cette connaissance secrète transmise aux initiés. On retrouve là le concept fondamental de tous les mystères antiques, égyptiens, grecs et romains, dans lesquels l'homme devait faire son salut en rejoignant le divin par le savoir. Les grands cultes d'Osiris, d'Isis, de Dionysos, de Mithra ou d'Adonis ne seraient rien moins que des « plagiats par anticipation » du christianisme primitif ! Il y a en chaque homme cette étincelle divine, profondément cachée en lui, et qu'il lui appartient de raviver. Il ne peut y parvenir par la « simple opération » du saint Esprit mais par un lent travail d'initiation aux secrets des textes, par une patiente étude qui le mènera à la transformation. C'est aussi le socratique « *gnôthi seauton* », « Connais-toi toi-même »...

Alors qu'aux IIe et IIIe siècle, l'Église chrétienne commence à forger son formidable appareil dogmatique, les gnostiques se verront contestés avec virulence avant d'être impitoyablement traqués. C'est d'ailleurs un ancien manichéen, saint Augustin, qui portera les coups les plus rudes à ce manichéisme perçu comme une déviance inacceptable, une « hérésie ». Le combat du Bien et du Mal tel que les manichéens le perçoivent et l'exposent ne peut être accepté parce qu'il « affaiblit » Dieu en le mettant en concurrence avec un autre principe. Or, Dieu tout puissant ne peut s'abaisser à combattre un rival, ce qui le rendrait imparfait, tandis que le Mal, Satan, se verrait accorder une puissance qu'il ne peut posséder. Et si Dieu est la perfection même, le mal ne peut rivaliser avec lui. Alors pourquoi Dieu aurait-il engagé ce combat ? La perception que proposent les manichéens de la nature de Dieu est donc « impertinente ». La querelle théologique telle qu'elle se manifestera dans le *Contra Faustum* de Saint Augustin cédera vite la place à des arguments plus « frappants » et les multiples sectes gnostiques comme les manichéens seront bientôt réduits au silence.

Lorsqu'au XIIIe siècle, il faudra réduire également l'hérésie cathare (elle aussi dualiste), les mêmes arguments serviront et l'étiquette manichéenne sera constamment accolée à ces chrétiens différents et déviants. Mais cela suffit-il à faire des cathares des adeptes de Mani, voire les lointains continuateurs de quelque culte zoroastrien ? On ne peut exclure que le manichéisme, qui s'était largement répandu et avait perduré jusqu'au VIe siècle, ait connu une postérité plus longue qu'on ne l'imagine. Qu'il ressurgisse dans l'Église orientale à Constantinople peut se comprendre et sans doute les bogomiles des Balkans empruntèrent-ils quelques éléments d'une très vieille tradition qui n'avait pas totalement disparu. Mais cela ne peut toutefois justifier que le catharisme du Languedoc soit une continuité ou une résurgence du culte manichéen. Il faudrait des preuves pour l'affirmer, des sources écrites qui établiraient une possible filiation. Si les sources du catharisme ont presque entièrement disparu, ce qui est parvenu jusqu'à nous suffit à démontrer que la doctrine cathare n'emprunte qu'aux Écritures et bien sûr à l'Évangile de Jean, ainsi qu'à un nombre très réduit de textes apocryphes.

De plus, les sources du manichéisme nous sont aujourd'hui beaucoup mieux connues grâce aux manuscrits découverts à Nag Hammadi en Égypte, tout comme certains écrits gnostiques exhumés parmi les textes de Qumrân (les fameux manuscrits de la mer Morte) nous éclairent sur l'Église primitive. Aucun ne permet de suggérer une quelconque parenté entre cathares, gnostiques et manichéens. Bien au contraire, la connaissance toujours plus grande que l'on peut avoir de ces religions conforte l'idée que les cathares étaient foncièrement chrétiens, des chrétiens des XIIᵉ et XIIIᵉ siècles occidentaux, sans lien avec aucune spiritualité orientale. Pas de gnose non plus chez eux, pas de connaissance acquise par l'initiation aux secrets des textes ; la cosmologie cathare ne se réfère aucunement à Mani. Seul point commun, un certain dualisme qui voit coexister le Bien et le Mal (ce qui est bien peu) et issu avant tout de la plus élémentaire des expériences sensibles, vieille comme l'humanité.

Les historiens n'ont jamais pu battre en brèche cette idée communément admise que les cathares seraient quelques mystérieux héritiers d'un culte séculaire voire millénaire. Faut-il d'ailleurs la réfuter totalement ? Peut-être des textes seront-ils mis au jour qui permettront d'établir plus précisément une possible continuité spirituelle et doctrinale entre les dernières manifestations d'un manichéisme altéré par le temps et sa résurgence sous d'autres formes dans les Balkans, en Italie puis le

Languedoc ? Au moins cette vision d'un catharisme, qui s'inscrirait dans une filiation religieuse beaucoup plus ancienne et obscure, a-t-elle l'avantage, pour certains, de prêter le flanc à la fascination, voire aux fantasmes. C'est ce qui explique que la citadelle de Montségur soit encore aujourd'hui considérée comme un « temple solaire » juchée au sommet d'une formidable pyramide. La disparition brutale et tragique des cathares renforce le mythe et la certitude qu'assurément on a voulu non seulement extirper une hérésie, mais aussi faire disparaître avec elle un dangereux secret… Et s'il est un secret religieux et médiéval qui obsède, c'est bien celui du Graal, dissimulé par les cathares qui en étaient les gardiens quelque part entre Carcassonne, Toulouse et Foix…

CHAPITRE X

Les cathares et le Graal

Il n'y a plus guère aujourd'hui que le cinéaste Steven Spielberg et son complice le professeur Indiana Jones pour croire que le saint Graal aurait été tenu durant des siècles sous la protection des templiers dans l'antique cité de Petra. Sans vouloir déprécier les mystérieuses beautés de la ville troglodytique de Jordanie, il faut bien admettre que Montségur en Ariège fait un refuge autrement plus fascinant pour ce Graal, objet de tous les mythes et de toutes les espérances ! Nous ne pouvons relater ici tous les épisodes qui ont conduit le Graal jusqu'en Occitanie. Nous ne retiendrons donc que les plus importants, pour éclairer un peu une légende tenace qui continue plus que jamais d'embrouiller la perception que l'on peut se faire des cathares.

À l'origine du mythe

La légende du Graal cathare nous entraîne sur des pistes poétiques, ésotériques, fantaisistes ou franchement charlatanesques. Et pourtant, revenir à la source du mythe, c'est aussi, historiquement, revenir à l'hérésie cathare à laquelle le premier récit de Chrétien de Troyes se rattache directement. Initiateur du « cycle » du Graal avec son *Perceval*, Chrétien de Troyes rédige son conte vers 1180 – il s'agit très certainement d'une commande du comte de Flandres, Philippe d'Alsace. Ce dernier est un prince très pieux. Il est le fils de Thierry d'Alsace, qui se croisera à quatre reprises et rapportera de Terre sainte une ampoule contenant quelques gouttes du sang du Christ recueillies par Joseph d'Arimathie. Peu importe l'authenticité d'un tel contenu, seul compte le culte qui va bientôt s'y attacher, celui du « Précieux Sang », un culte qui interviendra opportunément pour renforcer plus encore la renommée d'une région déjà carrefour économique de l'Europe médiévale. Quand l'hérésie se répandra dangereusement dans le nord et l'est de la France, le comte de Flandres prêtera son concours à l'Église pour réprimer avec brutalité la dissidence religieuse – l'objectif de la commande qu'il fit à Chrétien de Troyes étant de diffuser par le biais de la littérature une doctrine plus pure de l'idéal chevaleresque et de la foi chrétienne.

S'il parle bien du Graal, Chrétien de Troyes se garde bien de nous préciser de quoi il s'agit, ni même s'il s'agit d'un objet. Le Graal y est bien plus une idée, une allégorie, où le merveilleux poétique (Chrétien de Troyes emprunte des thèmes à la culture bretonne) est mis au service de la promotion d'une foi plus en accord avec les dogmes de la papauté. Si les hérétiques nient l'incarnation du Christ, réfutent l'Eucharistie comme les autres sacrements, il faut redonner un sens à ceux-ci, les associer à l'idéal chevaleresque qui est aussi celui de la croisade, celui des « chevaliers du Christ », *militia christii* comme s'appelait l'armée des croisés conduite par Simon de Montfort. Les continuateurs de Chrétien de Troyes pousseront d'ailleurs plus loin encore l'union du merveilleux et du chrétien dans le cycle du Graal. Comme la *Chanson de Roland* avait été auparavant une œuvre en partie composée pour rassembler les barons féodaux autour de l'idée de croisade, le *Perceval* est une œuvre chrétienne et catholique militante qui s'inscrit dans la lutte engagée contre l'hérésie cathare qui lui est contemporaine.

Ceux qui poursuivirent l'œuvre inachevée de Chrétien de Troyes donnèrent au Graal sa dimension matérielle et mieux encore, son contenu sacré : le sang du Christ – ce qui allait bien dans le sens des préoccupations de l'Église, qui s'efforçait de faire triompher sa perception de la présence réelle du Christ dans l'hostie de l'Eucharistie. Rappelons également que la propagande religieuse est aussi dans le cycle du Graal une propagande politique puisque la « geste arthurienne » – qui n'est pas d'essence chrétienne dans le plus lointain de ses origines mais plutôt de la tradition orale – avait pour objectif de fonder et légitimer « légendairement » la dynastie des Plantagenêts, tout comme les moines de l'abbaye de Saint Denis s'appliquaient, eux, à forger la mythologie capétienne. Défense de la foi et de la Couronne, le cycle du Graal peut être considéré, en dehors de tout jugement littéraire, comme un puissant instrument destiné à lutter contre les ennemis de l'Église et du roi, contre les hérétiques de cette époque, à savoir les cathares. On ne saurait donc y voir un objet dont les cathares auraient été les gardiens.

C'est donc un étrange parcours qui va conduire à une autre légende : celle des cathares protecteurs d'un Graal mystique. Un parcours dont le point de départ n'est pas le *Perceval* de Chrétien de Troyes ni même la *Queste du saint Graal,* plus tardive et résolument conforme aux menées théologiques des cisterciens, mais le *Parzifal* de Wolfram von Eschenbach, poète allemand lui aussi contemporain de la croisade contre les Albigeois. Le *Parzival* s'éloigne franchement de la trame originelle pour offrir un récit qui emprunte à d'autres traditions que les sources celtiques utilisées par Chrétien de Troyes. Des sources apparemment orientales (nous sommes à l'époque des croisades et de la découverte d'un Orient confus et mystérieux) confèrent au texte son aspect profondément ésotérique. Le Graal y est cette fois explicitement défini : il est un *lapsit exillis,* une pierre précieuse que certains ont identifiée à l'émeraude que Lucifer, dans sa lutte contre Dieu, perdit dans sa chute sur la Terre.

Ce Graal serait conservé dans un château de *Munsalvasche* (« Montsalvage »), qui sera bien sûr identifié au Montségur… Placé sous la garde de chevaliers templiers, seuls quelques rares initiés, tous liés entre eux par leur appartenance à une vieille lignée gardienne du secret de la révélation, peuvent le contempler. On retrouve là tous les ingrédients d'une fascination qui fera naître au XIXe siècle une profusion de sociétés secrètes et ésotériques s'affirmant les héritiers de ces initiés au mystère du Graal. Reste que le *Parzifal* de Wolfram von Eschenbach est une œuvre du XIIIe siècle et que l'engouement qu'elle suscitera longtemps après doit beaucoup à son adaptation à la scène musicale par Richard Wagner et son *Parsifal* (1882), dont la puissante et envoûtante musique ne sera pas étrangère, loin s'en faut, à la fascination qui reliera les gardiens du Graal et les cathares. Il s'en trouve d'ailleurs encore aujourd'hui pour colporter l'idée que c'est en Ariège que Richard Wagner composa son opéra...

Le vrai trésor des cathares

La quête du Graal étant immanquablement une chasse au trésor (ce trésor fut-il seulement spirituel), il est loisible de croire que le supposé trésor des cathares fût ce Graal que personne n'a jamais vu... Et ce d'autant mieux que le trésor des cathares a bel et bien existé et que les historiens en connaissent le destin ! Revenons un temps à Montségur, quelques jours avant la reddition de la citadelle en 1244. Les cathares qui y ont trouvé refuge ont avec eux le trésor de leur Église, mais « trésor » est ici à prendre au sens médiéval du terme : *thesaurus*, « réserve monétaire » et il n'y a là rien de mystérieux. Si les cathares vivaient pauvrement, ils travaillaient et le fruit de leur travail a pu servir, au temps des persécutions, à venir en aide aux Bons hommes vivant dans la clandestinité. L'argent leur était également nécessaire pour l'entretien des « maisons » et pour faire écrire les livres qu'ils utilisaient. Peu avant la chute de Montségur, on sait que l'évêque cathare Bertrand Marty décida de mettre en lieu sûr le « trésor » de la communauté, dont on ignore le montant. Le seul témoignage parvenu jusqu'à nous évoque « de l'or, de l'argent et une quantité infinie de pièces de monnaie ». Rien d'étonnant à cela, et rien de fabuleux non plus, puisque deux hommes suffirent pour le transporter. Un diacre, Pierre Bonnet, et un Parfait, Mathieu, traversèrent ainsi de nuit les lignes ennemies pour aller cacher le trésor dans l'une des innombrables grottes du Sabarthès.

Le dernier jour de la trêve qui précéda la reddition, dans la nuit du 15 au 16 mars, quatre Parfaits furent discrètement « exfiltrés ». Ils allèrent récupérer le trésor dissimulé pour le transporter jusqu'en Italie, à Crémone, où il parvint sans encombre. C'est aussi ce qu'il advint, dix ans après, du trésor de l'Église cathare de Carcassonne, un temps enfoui dans un bois de Couffoulens. Le « trésor » de Montségur connut donc des pérégrinations presque anodines et si le mythe d'un trésor enfoui perdure aujourd'hui, c'est sans doute parce que ce trésor a été évacué en deux temps. Certains se sont persuadé que le trésor parvenu jusqu'à Crémone était un premier trésor, évacué à la Noël 1243. Les quatre Parfaits qui quittèrent Montségur la veille de la reddition auraient emporté avec eux un second trésor, bien plus inestimable qu'un vulgaire magot pécuniaire. Les partisans de cette thèse avancent comme argument irréfutable la trêve demandée par les défenseurs de Montségur. Pratique inhabituelle, disent-ils, qui aurait eu pour seul but de préparer l'évacuation secrète de ce trésor. D'autres vont plus loin, en faisant remarquer que la date du 16 mars 1244 coïncidait étrangement avec le solstice de printemps, ce qui ne pouvait pas être un hasard. Un mystérieux rite devait forcément se dérouler ce jour-là… et le trésor cathare de prendre des allures plus fantasmagoriques encore !

Et puisqu'il faut rendre à César ce qui appartient à César, rendons à… Napoléon Peyrat ce qui lui revient de droit. Une fois encore, c'est lui qui, dans sa mythographie du catharisme, insuffla dans les imaginations l'idée que les cathares avaient dérobé à la connaissance de l'humanité un fabuleux trésor. Selon lui, l'un des quatre Parfaits qui avaient quitté Montségur pour récupérer le trésor, Amiel Aicard, serait revenu d'Italie pour encadrer la dernière communauté de Parfaits. Réfugié avec eux dans les profondeurs d'une grotte, il y mourut en 1328 emmuré par la terrible Inquisition ! Il faut ici citer un passage du tome III de son *Histoire des Albigeois* pour mesurer toute la poésie de Napoléon Peyrat et l'impact qu'elle put avoir :

« Mais comment rendre au jour ce drame obscur, perdu depuis plus de cinq cents ans, à deux mille mètres dans les profondeurs de la terre, et dont il ne reste plus d'autre témoignage qu'un muet amas d'ossements à demi pétrifiés [...]

Depuis le jour où le pieux Loup de Foix venait prier dans la grotte d'Ornolac, cette grotte célèbre, séjour d'un évêque albigeois et siège de prédications nocturnes, était devenue, sous l'orage toujours croissant, un refuge perpétuel de faydits des bois. Cinq ou six cents montagnards, fugitifs de leurs hameaux, s'étaient établis, hommes, femmes, enfants, dans ces ténèbres et formaient, autour du pasteur cathare, un mélange de colonie mystique, de camp sauvage. Un nouveau Montségur s'était organisé, non plus chevaleresque comme l'autre, et perché dans les nuées, mais rustique au contraire, et perdu dans un antre de montagne, un gouffre perforé par un torrent diluvien. [...]

Mais un jour, tout leur manqua : vivres, bois, feu et la lumière si douce, ce reflet visible de la vie. Alors ils se groupèrent, selon leurs familles, dans les divers compartiments, l'époux à côté de l'épouse, la vierge à côté de la mère défaillante et le petit enfant sur sa mamelle tarie. Pendant quelques instants, au-dessus du pieux murmure des prières, s'entendit encore la voix du ministre cathare, confessant la Parole qui était en Dieu et qui était Dieu. Le fidèle diacre donna aux mourants le baiser de la paix et s'endormit à son tour. Tous reposaient dans le sommeil et les gouttes d'eau qui tombaient lentement des voûtes troublèrent seules le silence sépulcral pendant des siècles. Ainsi probablement finirent ces derniers enfants du Paraclet. Pendant que l'Inquisition maudissait leur mémoire, que leurs proches même n'osaient prononcer leur nom, ils étaient pleurés dans les rochers. La montagne qui, comme une tendre mère, les avait recueillis dans son sein, leur fila religieusement avec ses larmes un blanc suaire, ensevelit leurs restes sacrés dans les plis lentement tissés dans ce linceul calcaire et sculpta sur leurs os que ne profana point le vers, un mausolée triomphal de stalagmites, merveilleusement orné d'urnes, de candélabres et de symboles de vie. »

Le « Michelet du Midi » fut aussi le « Victor Hugo de l'Ariège » ! Laissons donc aux profanes le soin éreintant de creuser les flancs des collines ariégeoises à la recherche de quelques pièces d'or pour nous intéresser à ceux qui partirent en quête d'un tout autre trésor, le Graal, immanquablement lié à l'épopée spirituelle et tragique des cathares.

À la recherche du Graal

Parmi ceux que la poésie de Napoléon Peyrat influença, il y eut bien sûr Antonin Gadal, dont nous avons parlé précédemment, et qui, sa vie durant, arpenta les collines à la recherche de quelques traces d'un christianisme primitif dont les cathares auraient été les ultimes représentants. Comme les catacombes de Rome, les grottes de son pays natal avaient dû servir de cadre à quelques rites mystiques dont il cherchait le sens. Sa quête l'avait rapproché de cercles ésotéristes et occultistes, notamment des Rose-Croix. Gadal ne pouvait rien ignorer des travaux de Joseph Péladan, dit le « Sâr » Péladan, singulier personnage admirateur de Wagner, qui avait réintroduit la Rose-Croix en France et fondé en 1891 un « ordre de la Rose-Croix Catholique du Temple et du Graal ». En 1906, Péladan publia un essai, le *Secret des troubadours, de Parsifal à Don Quichotte,* dans lequel il rapprochait le Montsalvat de Wolfram von Eschenbach et de Wagner au Montségur cathare. Un rapprochement qu'avait fait avant lui un romancier toulousain tombé aujourd'hui dans l'oubli et qui fut membre de l'Église gnostique universelle, Pierre-Barthélemy Gheuzi, dans un roman intitulé *Montsalvat*. Cette traduction erronée du Montsalvat des gardiens légendaires du Graal en Montségur des cathares, ajoutée à la tradition ésotériste et occultiste qui s'était attachée aux études sur le catharisme, favorisa la conviction toujours plus profonde que les cathares avaient partie liée au Graal.

Il faut citer ici un autre romancier toulousain et occitaniste fervent, Maurice Magre, dont l'œuvre connut un grand succès et contribua elle aussi à « l'affaire » du Graal des cathares. S'il s'inscrit dans la lignée de Napoléon Peyrat, Maurice Magre propose du mythe cathare une lecture résolument ésotériste. Plus que ses romans – *le Sang de Toulouse* (1931) et *le Trésor des Albigeois* (1938) –, c'est son essai consacré aux *Magiciens et illuminés* (1930) qui achève d'installer durablement la légende des cathares initiés à un grand secret. Dans celui-ci, aux côtés des travaux d'alchimie de Nicolas Flamel et de la Théosophie de Madame Blavatsky, Magre y présente un bien étrange « Maître inconnu des Albigeois »… En 1937, le même Maurice Magre prend la présidence des Amis de Montségur et du Saint-Graal de Sabarthès et d'Occitanie. Si, dans les années 1930, le catharisme originel demeurait mal connu du grand public, la conviction semblait de plus en plus grande qu'au-delà de l'histoire d'une hérésie médiévale, qui restait encore en grande partie à écrire, existait un mystère confus. Antonin Gadal comme Déodat Roché et d'autres cherchaient leur Graal, dont on sait qu'il est suffisamment « flou » et incertain pour pouvoir être tout et n'importe quoi. Très certainement, la quête de ces historiens devait être une quête intérieure. Ce n'est d'ailleurs pas la plus mauvaise définition à donner du Graal : une connaissance intérieure enfouie en chacun de nous. Libre à chacun d'effectuer comme il l'entend sa propre quête, spirituelle ou poétique.

C'est également dans les années 1930 qu'arrive en Ariège un jeune chercheur, Otto Rhan, un Allemand qui va écrire l'épisode le plus célèbre, et en même temps le moins connu dans ses détails, des multiples recherches entreprises autour du supposé Graal des cathares. Otto Rahn n'avait pas trente ans lorsqu'en 1931, il s'installa à Ussat-les-Bains. Passionné d'histoire, il vint là avec la ferme intention de trouver lui aussi son Graal – et lui aussi reprenait à son compte la tradition qui faisait du Montségur des cathares le Montsalvat du *Parzifal* d'Eschenbach. Il était également persuadé que Parcifal était en fait le vicomte Trencavel ! Les méthodes d'Otto Rahn étaient celles de l'archéologie et de l'érudition, menées sur le terrain et dans les fonds d'archives. Il se lia bien sûr à Antonin Gadal, personnage incontournable dans la région pour qui veut trouver le Graal. Ensemble, ils fouillèrent de nombreuses grottes, comme Gadal n'avait jamais cessé de le faire. « Là [écrira Otto Rahn], les persécutés déjouaient toutes les poursuites des Inquisiteurs et de leurs chiens dressés à chasser l'hérétique. Personne jusqu'à ce jour n'a réussi à dévoiler le mystère qui dort derrière ces murs de stalactites. Une légende pyrénéenne prétend que les derniers cathares auraient été emmurés là par les moines dominicains, désespérant de les capturer dans leurs réduits inaccessibles. Jusqu'à maintenant, les montagnes du Sabarthès n'ont toujours pas livré leur secret. » À chaque fois qu'ils mirent au jour des inscriptions ou des traces quelconques, Gadal et Rahn se persuadèrent qu'ils étaient sur le bon chemin. Ainsi crurent-ils découvrir, gravés sur des parois au plus profond de ces grottes, un « arbre de vie », « l'emblème du Dieu-Esprit », un poisson, « symbole de la Divinité-Lumière », ou encore des monogrammes du Christ, en lettres grecques ou romanes. En plusieurs endroits, Otto Rahn aurait même découvert les lettres GTS, qui étaient assurément « une abréviation du mot Gethsemané, le jardin où le Christ fut, par trahison, livré à ses bourreaux ». Otto Rahn fera part de ses recherches dans un ouvrage

224

publié en 1933, *la Croisade contre le Graal* – une « étude de poésie et d'imagination » jugera la presse locale (ce qui résume assez bien en quelle estime étaient tenues les recherches de ce jeune savant).

Mais quel Graal exactement Otto Rahn cherchait-il ? À l'en croire, le Graal n'était pas la coupe qui aurait recueilli le sang du Christ, ni même l'émeraude de Lucifer. Le Graal n'était même pas chrétien : « Le Graal était un symbole hérétique. Il fut maudit par les adorateurs de la croix du Christ et une croisade prit l'offensive contre lui. La Croix mena une guerre sainte contre le Graal. » Rahn propose donc une singulière conception du Graal original, qui serait « un enseignement perdu, une loi de vie » bien antérieure au christianisme, ancré dans la plus ancienne tradition du paganisme occidental. Les cathares en auraient été les gardiens et peut-être n'avaient-ils pas entièrement déchiffré le secret de cet enseignement désormais perdu. Otto Rahn en était certain : « Depuis sept siècles, l'Occident a perdu la loi qui pouvait, et qui peut encore, le remettre dans le droit chemin ». De tels propos, dans la bouche d'un Allemand des années 1930, convaincu que l'Occident païen, pour ne pas dire aryen, doit être remis dans le bon chemin, ne sont pas loin de faire écho bien sûr aux thèses raciales du national-socialisme qui se propageront bientôt. En 1936, Otto Rahn était incorporé dans la *Schutzstaffel*, la SS…

Il n'y entrait peut-être pas par conviction, mais plutôt parce que ses travaux avaient attiré sur lui l'attention des dirigeants de la SS, à commencer par Heinrich Himmler. On sait que celui-ci avait imaginé la *Schutzstaffel* comme un « Ordre noir », une confrérie initiatique qui serait le terreau fertile où germerait le renouveau de la race aryenne. Si Hitler était peu versé dans l'ésotérisme, il sut toutefois tirer parti des fantasmes de ce mystique pour établir ses ambitions d'un « Reich millénaire » sur le socle solide d'une mythologie germanique, quitte à recréer celle-ci de toutes pièces. En Allemagne, des sociétés secrètes s'activaient depuis plusieurs années déjà à raviver le vieux fonds païen des mythologies scandinaves et celtiques pour les fondre dans un seul « patrimoine germanique » propre à s'opposer au judéo-christianisme délétère… D'ailleurs, le thème était à la mode depuis le romantisme de Goethe ou celui, plus puissant encore, de Wagner. Parmi ces sociétés secrètes, le *Germanenorden*, « l'Ordre des Germains », est celle qui diffusa le plus parmi l'élite allemande l'idée d'un nécessaire et impérieux retour aux mythes originels d'une « race » germanique. Sous l'impulsion de Rudolf von Sebottendorf, le *Germanenorden* se transforma en 1918 pour devenir la *Thule Gesellschaft,* qui jouera bientôt un rôle dans l'éclosion du parti national-socialiste. C'est donc presque naturellement que, quelques années plus tard, le Reichsführer Heinrich Himmler suscitera en 1933 la création de l'*Ahnenerbe Forschungs und Lehrgemeinschaft,* une société pour l'étude de « l'héritage des Ancêtres » dont le siège sera installé dans le château de Wewelsburg, restauré pour l'occasion à grands frais et à grands renforts de décors pompeux et germanisants. Le but de l'*Ahnenerbe* était d'encourager toutes les recherches savantes, histo-riques, archéologiques qui viendraient légitimer les thèses raciales et racistes du national-socialisme allemand. Les travaux d'Otto Rahn sur le prétendu Graal des cathares participèrent donc à ses recherches.

Heinrich Himmler a cru qu'Otto Rahn était sur la bonne piste. Il fit lui-même un déplacement remarqué en 1940, non pas en Languedoc mais en Catalogne, où un autre château, celui de Montserrat, était identifié au Montsalvat du *Parzifal.* Otto Rhan était présent, ainsi que le sulfureux Karl Maria Wiligut, dit « Weisthor », lequel fut un temps interné en psychiatrie avant de devenir le « Raspoutine de

Himmler » et de tenir sous sa férule toutes les recherches menées au sein de l'*Ahnenerbe*. C'est lui qui prit sous son aile Otto Rahn et favorisa son entrée dans la SS en 1936. « Weisthor » prétendait être le possesseur d'une mystérieuse « clef runique » qui lui permettait de déchiffrer les runes les plus obscures. Hélas, la « clé runique » de Weisthor ne permit pas à Otto Rahn de découvrir quoi que ce soit… L'aventure d'Otto Rahn finit tragiquement dans le Tyrol en 1939 ; son homosexualité révélée aux dirigeants de la SS serait la cause de son suicide. Des rumeurs circulèrent sur un possible assassinat afin de faire taire le jeune historien qui devait en savoir trop… D'autres rumeurs apparurent longtemps après, faisant état d'une découverte fabuleuse faite par les Allemands en 1943 non loin de Montségur, un trésor mis depuis en lieu sûr…

On ne serait pas complet si nous achevions l'exposé des tribulations cathares du Graal sans évoquer l'inévitable mystère de Rennes-le-Château et de son énigmatique abbé Béranger Saunière. Rennes-le-Château n'étant distant que de quelques dizaines de kilomètres de Montségur, on devine que le mythe de l'un devait rejoindre immanquablement la légende de l'autre. Beaucoup s'y emploient encore aujourd'hui…

Un mythe sans cesse revisité

Il serait fastidieux de recenser les innombrables élucubrations qui alimentent toujours la mythologie liée aux cathares – lesquels n'en demandaient pas tant. Avec celle du Graal, la légende la plus tenace est sans doute celle qui fait de Montségur un « temple solaire ». Le culte des cathares, considéré comme un culte gnostique de tradition orientale, devait nécessairement être lié à l'adoration de quelque divinité solaire, ce qui justifierait la trêve demandée par les assiégés avant leur reddition. N'ont-ils pas voulu célébrer une dernière fois l'équinoxe de printemps ? Pour convaincre les moins crédules, les partisans de cette théorie ne cessent de rappeler que l'architecture même de Montségur apporte la preuve irréfutable de la destination solaire de la citadelle. En effet, chaque 21 juin à l'aube, jour du solstice d'été, les rayons du soleil pénètrent par deux meurtrières et se projettent sur les deux meurtrières du mur opposé... Or, le château de Montségur qui a abrité les derniers cathares a été entièrement rasé et reconstruit ensuite par le duc de Lévis ! Cette idée largement répandue a valu au village de Montségur le désagrément d'accueillir une quantité de sectes, de groupes spiritualistes et d'adorateurs en tout genre. Notons, pour souligner la difficulté qu'il y a à appréhender sereinement et sans passion l'histoire du catharisme, que le plus ardent défenseur du Montségur solaire fut un historien distingué, Fernand Niel, lequel réalisa le « Que sais-je ? » sur les cathares en 1955 – et toujours réédité depuis !

On se souvient de la fameuse prédiction attribuée au Bon homme Bélibaste : « Dans 700 ans, le rameau reverdira. » Assurément, il y a là un lien avec le culte solaire si l'on en croit cette audacieuse interprétation : « Ceux qui ont eu la chance de contempler le rayon lumineux de Montségur, au matin du solstice, souvent le décrivent comme "fugitivement vert". Sans entrer trop loin dans la magie du verbe et de la tradition orale, le rameau pourrait se dire "Râ-Mot"... le Soleil-Verbe". » Nous ne nous attarderons pas sur d'autres thèses aussi savantes qui ont présenté Montségur tour à tour comme une « pyramide » ariégeoise, une base de lancement pour aéronefs venus d'un monde parallèle ou « une aiguille d'acupuncture géante qui focalise le potentiel énergétique et crée un pont vibratoire entre la Terre mère et le cosmos. » Certains répugnent à ces grandes envolées « lyricoccultistes » pour leur préférer des spéculations autrement plus profondes et cherchent sous terre le secret de Montségur, forcément construit sur un piton rocheux qui est le réceptacle de « formidables forces telluriques »… Et un autre de consacrer à Montségur un ouvrage qui se veut « une synthèse des rapports entre l'épopée cathare et la conjoncture cosmique, réfractés dans l'existence de ceux qui en réanimèrent la mémoire, précédée d'une présentation raisonnée des fondements de l'astrologie et complétée par une étude phénoméno-logique et métaphysique du catharisme ».

Ces thèses qui nous éloignent toujours plus du catha-risme originel ne sont pas l'apanage d'une époque « post-moderne » qui prêterait volontiers le flanc aux expé-riences en tous genres. Elles ont eu cours à toutes les époques ou presque et on peut rappeler les interpré-tations toutes personnelles d'un éminent député diep-pois, Eugène Aroux, qui, au XIXᵉ siècle, se faisait fort de démontrer dans ses *Mystères de la chevalerie et de l'amour platonique au Moyen Âge* que « l'albigéisme ne fit que s'approprier les doctrines néoplatoniciennes, en les rattachant, d'un côté aux évangiles et à l'ensemble de la théologie catholique, de l'autre aux traditions locales, remaniées dans un même esprit et d'après des don-nées identiques ; depuis les *sagas* scandinaves, jusqu'aux *mabinogion*, aux *nibelungen* et aux mille légendes pieuses ou héroïques répandues dans les classes populaires des contrées où pénétrèrent ces apôtres. » Et Aroux de poursuivre sa thèse en affirmant que les cathares dissimulèrent leur message subversif dans la poésie des troubadours occitans. La supposée « fin'amor » de ces troubadours n'aurait été qu'un leurre et n'aurait jamais eu d'existence réelle dans la civilisation du Moyen Âge : « Ces générations platoniques d'amants respectueux et de dames immaculées ne furent qu'un rêve, une fiction imaginée par les poètes d'une communion chrétienne, mais anticatholique, dans un intérêt de propagande ; en un mot, que la chevalerie amoureuse, utopie basée sur l'Évangile, fut opposée par les Albigeois à la chevalerie féodale, violente, brutale, oppressive et corrompue. »

Les cercles, les sociétés savantes et spiritualistes, les cénacles qui se sont réclamés du catharisme n'ont pas manqué ; il s'en crée d'ailleurs encore aujourd'hui. Ils ont donné naissance à ce qu'on a appelé le « néo-catharisme » et ont existé dès la fin du XIXe siècle, la plupart d'entre eux étant ancrés dans la mouvance ésotériste et occultiste alors en vogue. Il y eut notamment le cercle réuni autour de la comtesse Murat-Pujol, laquelle avait appartenu à l'éphémère « Société théosophiques des Polaires », avec notamment René Guénon. C'est elle qui aida financièrement Otto Rahn lors de ses premières années passées en Ariège. Maurice Magre fonda sa « Société des amis de Montségur et du Saint-Graal de Sabarthès et d'Occitanie », disparue en 1942. Quant à la « Société du souvenir et des études cathares » de Déodat Roché, elle perdit de son influence après la mort de son fondateur en 1978 et parut par la suite tomber dans le giron de la Fraternité blanche universelle, un mouvement aujourd'hui classé parmi les sectes. D'autres mouvements feront de brèves apparitions, tous plus ou moins mystiques, oscillant entre vision extatique et impostures mystificatrices. La plupart d'entre eux proposaient du catharisme une vision naïve et très œcuménique dans de lénifiantes logorrhées invitant les hommes à s'aimer les uns les autres, ce qui est déjà un très vaste programme. D'autres ne manquèrent pas de voir dans l'exemplaire ascèse des Bons hommes une invitation à se nourrir macrobiotiquement… Un groupe « Montségur 1990 – L'Esprit cathare » fit un temps parler de lui en distribuant des brochures préconisant « la lasérisation » du cosmos pour libérer les âmes une bonne fois pour toutes. On touchait là au sublime ou peut-être au canular… Citons également, entre beaucoup d'autres, l'« Ordre des chevaliers du Temple occitan », une « puissante confrérie aux traditions ancestrales prônant l'entraide et la justice ».

Pour finir ce tour d'horizon du néo-catharisme, évoquons les travaux d'un médecin et psychiatre anglais, le docteur Arthur Guirdham, qui fut confronté à un cas étrange : une patiente était obsédée par des cauchemars au cours desquels elle « revivait » la vie des croyants cathares du Languedoc, dont elle n'avait pourtant jamais entendu parler. Intrigué, le psychiatre entreprit de patientes recherches sur l'histoire des cathares et s'aperçut que tout ce que sa patiente « rêvait » était parfaitement plausible et historiquement fiable. Le médecin se déplaça même à Montségur, publia plusieurs livres, traduits en français et aujourd'hui réédités. À n'en pas douter, on venait d'avoir la preuve que la réincarnation des âmes dans des « tuniques de peau » était une réalité !

Parmi les dernières venues dans cette grande et étrange postérité du catharisme, « l'Église de Dieu Cathare et Chrétienne Restaurée », apparue en 2000 sous le patronage du Père des Lumières célestes et devenue en 2009 l'Église de Dieu Cathare et Orientale (EDCO), organise des Rencontres de la diversité cathare. Cette nouvelle

Église – déclarée en préfecture – propose aux « croyants » de vivre une foi chrétienne pure et originelle, les invitant à une approche gnostique. Elle se réclame de l'héritage des Esséniens et des Nasoréens, non sans prétendre adapter leur enseignement au monde moderne. Cette ultime « récupération » de l'hérésie cathare participe d'un mouvement plus vaste de renouveau spirituel et souligne le besoin sans cesse réaffirmé au gré des époques de retrouver le message évangélique originel en s'affranchissant de la tutelle catholique. Un autre christianisme en somme, comme celui des Bons hommes au Moyen Âge.

C'est dire combien les cathares et la tragédie qui les a vus disparaître dans les flammes de l'Inquisition ont suffisamment marqué les esprits pour susciter, aujourd'hui encore, une profonde et troublante fascination.

Bibliographie

SOURCES CATHARES

Liber de duobus principiis (Livre des deux principes), Éditions du Cerf, coll. les Sources Chrétiennes, 1973.

BOZOKY (Edina), *le Livre secret des cathares. Interrogatio Iohannis. Apocryphe d'origine bogomile*, Paris Beauchesne, 1980.

NELLI (René), *Écritures cathares*, Éd. du Rocher, 1995.

CHRONIQUES MÉDIÉVALES

Chronique de Guillaume de Puylaurens, Éditions du Pérégrinateur, Toulouse, 1996.

La chanson de la croisade albigeoise, Les Belles Lettres, 1989.

VAUX-DE-CERNAY (Pierre des), *Histoire albigeoise*, Librairie philosophique J. Vrin, 1951.

REGISTRES DE L'INQUISITION

DUVERNOY (Jean), *le Registre d'Inquisition de Jacques Fournier, évêque de Pamiers (1318-1325)*, 3 vols., Éditions Claude Tchou, 2004.

DUVERNOY (Jean), *le Dossier de Montségur. Interrogatoires d'Inquisition, 1242-1247*, Éditions du Pérégrinateur, 1998.

GUI (Bernard), *Manuel de l'Inquisiteur*, Les Belles Lettres, 2006.

OUVRAGES GÉNÉRAUX

ALBARET (Laurent), *l'Inquisition. Rempart de la foi ?*, Gallimard, coll. Découvertes, 1998.

BIGET (Jean-Louis), *Hérésie et Inquisition dans le Midi de la France*, Picard, 2007.

BRENON (Anne), *le Vrai Visage du catharisme*, Loubatières, 1995.

BRENON (Anne), *les Cathares. Pauvres du Christ ou apôtres de Satan ?*, Gallimard, 1997.

BRENON (Anne), *le Dernier des cathares, Pèire Autier*, Perrin, 2006.

BRENON (Anne), *les Cathares*, Albin Michel, coll. « Spiritualités vivantes », 2007.

Brenon (Anne) et Tonnac (Jean-Philippe de), *Cathares, la contre-enquête*, Albin Michel, 2008.

Duvernoy (Jean), *le Catharisme*. Tome I, *la Religion des cathares* ; tome II, *l'Histoire des cathares*, Privat, 1976 et 1979.

Le Roy Ladurie (Emmanuel), *Montaillou, village occitan*, Gallimard, 1975.

Markale (Jean), *l'Énigme du saint Graal. De Rennes-le-Château à Marie Madeleine*, Éd. Du Rocher, 1995.

Nelli (René), *le Phénomène cathare*, Privat/PUF, 1964, rééd. 1978.

Nelli (René), *la Vie quotidienne des cathares du Languedoc au XIIIe siècle*, Hachette, 1969.

Nelli (René), *la Philosophie du catharisme*, Payot, 1975.

Oldenburg (Zoé), *le Bûcher de Montségur, 16 mars 1244*, Gallimard, 1959.

Peyrat (Napoléon), *Histoire des Albigeois*, 3 vols. publiés entre 1871 et 1872. Réédition partielle chez Lacour, 1999.

Rahn (Otto), *la Croisade contre le Graal*, Éd. Philippe Schrauben, 1985.

Rahn (Otto), *la Cour de Lucifer*, Éd. Pardès, 1994.

Roquebert (Michel), *les Cathares : de la chute de Montségur aux derniers bûchers. 1244-1329*, Perrin, 1998.

Roquebert (Michel), *l'Épopée cathare*, tome I, *l'Invasion, 1198-1212*, Perrin, 2002.

Roquebert (Michel), *l'Épopée cathare*, tome II, *Muret ou la dépossession, 1213-1216*, Perrin, 2006.

Roquebert (Michel), *l'Épopée cathare*, tome III, *le Lys et la croix, 1216-1229*, Perrin, 2007.

Roquebert (Michel), *l'Épopée cathare*, tome IV, *Mourir à Montségur, 1230-1244*, Perrin, 2007.

Roquebert (Michel), *l'Épopée cathare*, tome V, *la Fin des amis de Dieu, 1244-1321*, Perrin, 2007.

Roquebert (Michel), *Histoire des cathares*, Perrin, 2002.

Roquebert (Michel), *la Religion cathare. Le Bien, le Mal et le Salut dans l'hérésie*, Perrin, 2001.

Table des matières

Deuxième partie

CE MONDE DONT SATAN EST LE PRINCE

Troisième partie

UNE MÉMOIRE TOUJOURS VIVE

Imprimé en Espagne par Unigraf S.L. (Madrid)
Dépôt légal : octobre 2010
304054-01/11010081-septembre 2010